PETER DYCKHOFF

WORTE, DIE
AUFRICHTEN

MASSLOSE
HOFFNUNG

PETER DYCKHOFF

WORTE, DIE
AUFRICHTEN

MASSLOSE HOFFNUNG

SANKT
ULRICH
VERLAG
GmbH

Bibliographische Information der Deutschen Bibliothek

Die Deutsche Bibliothek verzeichnet diese Publikation in der
Deutschen Nationalbibliographie; detaillierte bibliographische Daten
sind im Internet über http://dnb.ddb.de abrufbar.

Umschlagbild: George Augustin SAC
Umschlaggestaltung: uv media werbeagentur
Mediengruppe Sankt Ulrich Verlag, Augsburg
Druck und Bindung: Freiburger Graph. Betriebe GmbH & Co. KG, Freiburg
Printed in Germany
ISBN: 978-3-86744-067-7
www.sankt-ulrich-verlag.de

Inhalt

Ein Wort zuvor – Masslose Hoffnung

von Dr. Josef Homeyer, Bischof em. von Hildesheim

„Wir aber hatten gehofft ..." – dieses Wort des Jüngers an Christus auf dem Weg nach Emmaus schreibt die Enttäuschung mitten ins Evangelium. Das Wort der Enttäuschung steht nicht irgendwo am Rande, vielleicht bei einem Gescheiterten, der sich von Jesus abgewandt hatte, sondern es steht in der Mitte des Evangeliums, im Ostergeheimnis. Enttäuschung also steht auch für die auf der Tagesordnung, die glauben und im Alltag ihres Lebens immer wieder alles wagen. Wer glaubt, lebt nicht enttäuschungsfest, gleichsam in der Festung gestählter Einsichten und gepanzerter Antworten.

Was ist zu tun im Angesicht gescheiterter Hoffnungen? Soll man das Leben noch einmal neu durchrechnen, um in den endlosen Zahlenkolonnen unserer Erfahrungen und Interpretationen den kleinen Fehler aufzuspüren, durch den die Rechnung eben nicht aufging? Sollte man also die Sache mit Gott noch einmal durchrechnen: „Wir aber hatten gehofft ..."? Sollte man, durchs Leben klug geworden, einfach seine Hoffnung verkleinern, weil dann die Enttäuschung nicht so groß ist, weil man sich in verkleinerten Hoffnungen und verkleinerten Enttäuschungen dann doch irgendwie arrangieren kann? Aber was heißt das? Etwa dies: Dann nehme ich einen stillen Abschied von Gott und zähle auf ihn nicht mehr – höchstens könnte man ja einräumen, daß es da irgendwie noch etwas geben muß, schließlich muß ja die Welt irgendwoher kommen. Oder soll man dann auch gleich den ganzen Glauben ummünzen in eine noble Humanität, Greenpeace statt Kirche also?

Wir leben im Land verkleinerter Hoffnung. Das gilt zunächst von der gesellschaftlichen Grundstimmung. Langanhaltende Massenarbeitslosigkeit – aber kaum Spuren von großen Aufbrüchen. Die Schulden unserer Kinder und Enkel wachsen immens, aber Politik wird weiter in kleiner Münze gezahlt. Land verkleinerter Hoffnungen – man richtet sich ein.

Und die Kirche? Hat sie sich nicht auch mit sich selbst arrangiert, also in ihren Enttäuschungen sich eingerichtet? Liegt der Kern der Kirchenkrise, die heute an vielen Stellen spürbar ist, nicht darin, daß wir uns allzu sehr an verkleinerte Hoffnungen, an verkleinerte Maßstäbe gewöhnt haben? Ist denn wirklich der einzige Großdiskurs, der die Gemüter in unseren Gemeinden bewegt, die Finanzkrise und die Strukturdebatte? Müssen wir uns eigentlich wundern, wenn wir mit spitzem Bleistift hoffen, daß die Hoffnung verblaßt und keine Farbe mehr durchstrahlt?

Was ist zu tun im Land der Enttäuschungen? Laßt uns nicht neu durchrechnen, laßt uns nicht die Hoffnungen und Maßstäbe verkleinern, laßt uns nicht auf kleine Münze wechseln! Laßt uns tun, was alle Christen tun seit damals: Laßt uns nach Emmaus gehen!

Dort finden wir uns doch selbst wieder: „Wir aber hatten gehofft ..." Und dort werden wir nicht an dieses oder jenes erinnert, sondern an die eine große Hoffnung: „... daß Er derjenige ist, der Israel erlösen wird." Nicht um Trost geht es uns, nicht um Wohlgefühl, nicht um Optimismus – es geht um Heil in Ihm, Jesus Christus. Nichts anderes hoffen wir als Erlösung und maßloses Heil. Das Geschenk einer einzigartigen Hoffnung, daß einmal die Erfüllung nicht geringer sein wird als die Sehnsucht, daß nichts mehr gelingen muß, weil nichts mehr mißlingen kann, weil das Leben in Fülle geschenkt und geborgen ist. Und deshalb leistet, wer auf Christus hofft, Widerstand gegen die Verkleinerung der Maßstäbe. Es bleiben, sagt Paulus im 1. Korintherbrief, diese drei: Glaube, Hoffnung und Liebe. Wer Paulus genau hört, weiß auch: maßloser Glaube, maßlose Hoffnung, maßlose Liebe.

In diesem Sinne ist christliche Mystik (Gottesverwurzelung) Maßlosigkeit, und unsere Verkündigung hat zu spiegeln die Maßlosigkeit unseres Glaubens, unsere Liturgie die Maßlosigkeit unserer Hoffnung, unsere Diakonie die Maßlosigkeit unserer Liebe. „Brannte uns nicht das Herz?"

Was also ist zu tun? Weichen wir unseren Enttäuschungen nicht aus, denn wer ausweicht, geht nicht nach Emmaus. Erinnern wir uns an die große und maßlose Hoffnung unseres Glaubens: „daß Er Israel erlösen werde."

Christus beruft und erwählt Zeugen der Hoffnung, damit mitten in seiner Kirche die Gotteserinnerung nicht verlösche, damit wir uns immer neu auf den Weg nach Emmaus machen, damit immer wieder spürbar wird: In keinem anderen ist Heil! Damit alles, was geschehen ist und was geschehen wird, in seiner Gegenwart – und nur in Seiner Gegenwart – unsere Herzen entzündet: „Brannte uns nicht das Herz?"

Vielleicht steht kein Satz so quer zum Lebensgefühl unserer Zeit, wo alles gemacht wird, alles machbar und optimierbar erscheint, wie dieser: Die Hoffnung kann man sich nicht selber machen, nicht schlau ausdenken, nicht aus dem Leben herausschnitzen. Sie kommt uns entgegen wie auf dem Weg nach Emmaus, der in Wahrheit der Weg unseres Lebens ist.

Christus kommt uns entgegen, und mitten im Land verkleinerter Maßstäbe erinnert der priesterliche Dienst an die Maßlosigkeit unserer Hoffnung. So können und wollen wir Kirche wagen und Widerstand leisten gegen das Verlöschen der Gotteserinnerung, so können und wollen wir den Menschen entgegengehen, besonders den hoffnungslosen, denn uns ist Christus entgegengekommen – maßlose Hoffnung!

Aber findet denn die Botschaft von der maßlosen Hoffnung heute überhaupt noch Widerhall in unseren Gemeinden? In unserem Land der verkleinerten Hoffnung? Ist die feurige Kraft des Evangeliums nicht doch längst aufgebraucht? Maßlose Hoffnungslosigkeit?

Ich glaube das nicht, wohl glaube ich an einen neuen Anfang. Gewiß – das Christentum erlebt in unseren westeuropäischen Ländern den Untergang einer seiner vielen geschichtlichen Abschnitte. Solche Untergänge hat es schon viele gegeben, und oft verliefen sie dramatischer als heute. Man denke nur an den hl. Augustinus und das Ende der römischen Welt seiner Zeit. Man denke an das Ende des Mittelalters, als es den Anschein hatte, daß eine Art Meisterwerk verwirklicht worden war – wie unsere Kathedralen –, als die ganze Gesellschaft christlich geworden war. Aber man könnte auch an die Französische Revolution denken, als eine völlig traditionelle christliche Welt in wenigen Jahren weggefegt wurde.

Die Geschichte des Christentums, so ein prophetisches Wort von Papst Johannes Paul II., fängt gerade erst an – und wir stehen an einem neuen Anfang. Ein neuer Anfang, von dem ja auch die neuen Horizonte der gegenwärtigen Welt sprechen. Was ist in einer solchen Umbruchserfahrung wichtiger als die Rückkehr zum Ursprung, zu Jesus Christus, als die Rückkehr zu den Quellen unserer Hoffnung – wie immer in Zeiten des Zusammenbruchs, die sich dann als neuer und häufig tieferer Anfang herausstellten?

Am Schluß möchte ich noch einen kurzen Blick wagen auf das, was Menschen, die wahrhaftig Gott suchen, im tiefsten bewegt – die maßlose Hoffnung. Es gibt – das ist die unbeirrbare Überzeugung dieser Gottsucher – das direkte Gewahrwerden der geheimnisvollen Gegenwart Gottes: Menschen, die im ständigen, lebenslangen Mühen um das Schauen Gottes dessen unbeschreibbare Unendlichkeit unmittelbar erfahren, als wären sie gleichsam in Gottes Unendlichkeit, Allmacht und Liebe eingetaucht. Sie sind überwältigt, sprachlos. Gott ist unfaßbar, und doch kann ihn der, dem Er sich zeigt, bewußt und fühlbar erfahren: Der Mensch taucht in den unbegreiflichen, undefinierbaren und unaussprechlichen Ozean Gottes ein und ist sich unsagbar glücklich dessen bewußt.

Mit diesem direkten Erleben Gottes und Seines Wirkens, des Herausfließens Seiner Energien, ist zugleich die Erfahrung verbunden, daß dieses Wirken Gottes der Grund aller Dinge ist. Diese Erkenntnis erfolgt weniger durch die Ratio, sondern vielmehr durch die unmittelbare Erfahrung der Kraft Gottes. Die Dinge selber sind dem Gott-Schauenden wohl präsent, werden ihm aber immer transparenter. Gottes Herrlichkeit leuchtet immer klarer aus ihnen hervor und ist ein reines Geschenk Gottes. Gott gewährt dem Menschen, an Sich teilzuhaben, erwartet aber reines Offensein für Ihn. Der hl. Gregor von Nyssa, der viel über diese unsagbare direkte Gotteserkenntnis berichtet, betont nachdrücklich: Wer wirklich Gott schauen will, darf nicht im engen, sichtbaren Horizont der Dinge eingeschlossen bleiben. Die Reinigung von leidenschaftlicher und blinder Bindung an die endlichen Dinge ist eine unabdingbare Voraussetzung für das Sich-Zeigen Gottes. Der hl. Gregor von

Nazianz sagt: „Es scheint mir so zu sein, daß Gott mich durch das, was ich über Ihn begriffen habe, zu sich zieht; durch das aber, was ich noch nicht begriffen habe, nötigt Er mir Bewunderung ab; indem Er aber bewundert wird, wird Er zugleich begehrt; indem Er begehrt wird, reinigt Er uns; indem Er uns aber reinigt, nähert Er sich uns …"

Darin wird auch deutlich, daß dem beständigen Mühen um das Schauen Gottes eine erregende Dynamik innewohnt. Denn durch das, was Gott uns von sich mitteilt, zieht Er uns immer höher zu Seinem Sein empor. Und je mehr wir Gott lieben, um so größer wird unsere Liebesfähigkeit und Sehnsucht nach Ihm. Wir können nicht nachlassen, nach Ihm zu schauen. Halten wir an der in einem Schauen Gottes geschenkten Vorstellung fest, und tritt diese zwischen uns und Gott, dann bleiben wir bei dieser Vorstellung stehen und halten sie selber schließlich für Gott.

Wir wissen aber: Gott wirklich als Gott erkennen heißt, niemals des Wünschens satt zu werden, Ihn zu schauen. Der hl. Gregor von Nazianz sagt es so: „Eigentlich kann nur eins von Gott begriffen werden: Seine Unendlichkeit."

Noch vieles wäre zu sagen, beispielsweise, daß die nach Gott Schauenden auch dem Dunkeln unweigerlich begegnen. Ein Wort von Gregor Palamas dazu: „Das Dunkel Gottes ist zugleich ein ganz nahe stehendes Licht, geht von Ihm doch ein überwältigendes Licht aus. In dieses Dunkel gelangt jeder, der gewürdigt wird, Gott zu erkennen und zu schauen. Wenngleich er Ihn dabei tatsächlich gar nicht auf irdische Weise ‚schaut' und ‚erkennt', erfährt er dabei gerade das, was sich jenseits alles Fühlbaren und Verstehbaren befindet."

Diese unsagbare Erfahrung Gottes, über die wir andeutend zu sprechen gewagt haben, ist ein ahnendes Gespür für das Mysterium, für das Geheimnis Gottes und eröffnet die Möglichkeit für ein Leben im abgrundtiefen Geheimnis. Sie schließt weder die Ratio noch das Gefühl aus, reicht aber tiefer als beide.

Das Anliegen dieses Buches besteht darin, den Weg zu Gott aufzuzeigen, dessen Grund und Ziel unsere maßlose Hoffnung ist.

HILFE IN LEIDVOLLEN LEBENSPHASEN

TROST DURCH DIE LIEBE GOTTES

Suchst du Trost in einer bestimmten Situation, die dich über alle Maßen fordert und Schmerz oder Leid bei dir hinterläßt, so wird es nur ein ganz bestimmter Trost sein, den du suchen mußt. Allgemeine Trostworte werden dich kaum ansprechen oder dir kaum helfen. Oft wirst du auch wie von unsichtbarer Hand zu einer Quelle geführt, die dir Hoffnung und neue Lebensimpulse spendet.

Bei vielen Menschen, die nicht im Religiösen verwurzelt sind, versagt ihr Glaube, wenn starke physische oder psychische Belastungen auf sie zukommen. Daher besteht für sie der größte Trost darin, einem liebenden und gleichzeitig glaubensstarken Menschen zu begegnen, der aus seiner Lebenserfahrung die aktuellen Fragen beantworten kann. Ihm wird es gelingen, den um Hilfe Suchenden zu beruhigen und ihm Wege zu zeigen, die in eine tiefere Glaubensdimension führen, so daß vor allem seine Seele Nahrung findet und gestärkt wird.

Trost hat immer etwas mit der uns entgegenkommenden barmherzigen Liebe Gottes zu tun. Da Gott in allem waltet, was er geschaffen hat, können wir auf mannigfaltige Weise Trost finden. Viele suchen ihn in der Natur, in der Kunst, der Musik, der Malerei und der Literatur. Es gibt Alleinlebende oder Alleingelassene, die durch ein Tier derart angesprochen werden, daß sich ihr Herz öffnet. Kindern ist es eigen, einen schmerzerfüllten Menschen aufzuheitern und ihm sogar neue Lebensperspektiven zu eröffnen. Gott spricht zu uns durch die geschaffene Welt, besonders aber durch sein Wort in den Heiligen Schriften und durch den Empfang der Sakramente.

Es gibt Situationen im Leben, in denen uns ein Kreuz auferlegt wird, das wir nicht ablegen können. Mögen wir uns auch noch so wehren gegen diese Last und das damit verbundene Leid: Sie sind uns zugeschrieben, und von uns aus vermögen wir kaum etwas dagegen zu tun. Indem wir Ja sagen zum Ablauf dieser unabänderlichen Ereignisse, die sich sowohl körperlich als auch seelisch auswirken, blockieren und stören wir uns nicht selbst im folgerichtigen Verlauf unserer notwendigen Entwicklung. Die meisten Menschen sträuben sich zunächst gegen das ihnen auferlegte Kreuz. Diese Haltung ist nur allzu gut verständlich, denn der Schöpfer hat im Grunde eine Welt geschaffen ohne Kreuze. Durch das Sein-Wollen wie Gott und das Leugnen seiner Existenz hat der Mensch einen Bruch in der Schöpfungsordnung verursacht. Durch seinen Sohn Jesus Christus, der das Kreuz für uns getragen und überwunden hat, hat Gott die Welt im Neuen und ewigen Bund mit sich versöhnt. Damit sich dieser Bund und die Versöhnung vollendet, müssen auch wir einen Beitrag dazu leisten. Ganz ohne das Kreuz auszukommen ist in dieser Welt noch nicht denkbar; doch durch, mit und in Jesus Christus, der uns hilft, unser Kreuz zu tragen, wird es uns gelingen, einmal das Kreuz und alle Kreuze dieser Welt zu überwinden.

Wenn wir uns an ihn, Jesus Christus, halten und seinem Wort und seiner Einladung zum gemeinsamen Mahl folgen, wird alle Auflehnung gegen das zu tragende Kreuz schwinden. In unserem Inneren werden dann auch keine negativen Gedanken mehr sein, die eine Unzufriedenheit mit unserem Schicksal widerspiegeln oder gar andere Menschen belasten. Selbst tiefe innere Vorwürfe gegen Gott auf Grund unverständlicher und durch uns nicht beeinflußbare Ereignisse schwinden. Es bestehen keine Vorbehalte – ganz gleich, was er uns als Aufgabe oder zur Prüfung schickt.

Es gibt Zeiten in unserem Leben, in denen uns nichts gelingen will, und auch die Hoffnung auf ein Neues schwindet. Alles, was wir beginnen und anfassen möchten, entgleitet uns wieder. Es ist niemand da, der uns an die Hand nimmt, uns Mut zuspricht und uns in der schweren Zeit mit seiner liebenden Zuwendung begleitet. Dunkle Wolkenschichten haben sich vor die Sonne geschoben, und weil sie sich kaum bewegen, glauben wir nicht einmal mehr, daß es die Sonne gibt. Viele Menschen werden in einer derartigen Lebensphase depressiv und müssen Entsetzliches innerlich durchleiden. In diesem langsamen „Sterben" ist jegliche Hoffnung auf eine Auferstehung abhanden gekommen.

Ein ganzes Jahr lang habe ich nach der Schließung von „Haus Cassian", das ich aufbauen und leiten durfte, in einer solch hoffnungslosen Dunkelheit gelebt. Kein Fenster und keine Tür wollte sich öffnen, und Angst machte sich breit, eine Angst davor, die kleinsten Dinge nicht mehr leisten zu können und in allem zu versagen. Trotz der lang andauernden Hilf- und Hoffnungslosigkeit habe ich täglich, wie ich es aus guten Zeiten gewohnt war, gebetet und den Gottesdienst besucht. Ein nicht endenwollendes Angenageltsein verfolgte mich Tag und Nacht, und ich verlor den Glauben an eine Auferstehung. Doch meine Gebetszeiten und den Empfang der heiligen Kommunion gab ich nicht auf.

Eine liebe Bekannte stand mir zur Seite. Sie versuchte, all meine Abstürze liebevoll aufzufangen. Sie schenkte mir Zeit zum Sprechen und weckte in mir neu – und tiefer als je zuvor – den Glauben an die Auferstehung Jesu Christi, in die er auch mich mit hineingenommen hat. Ihr eigener Glaube und die Gewißheit, die sie mir zusprach, daß die entsetzliche Dunkelheit meiner Seele bald ein Ende haben würde, gaben mir zusätzlich Kraft. Ein verschlüsseltes Wort von ihr zur Auferstehung Jesu Christi und zur Auferstehung von uns allen hat sich tief in mein Inneres gesenkt.

Wie starr, verlassen und leblos sieht doch ein Obstbaum im Winter aus. Er macht den Eindruck, daß ihn wohl niemals mehr reiches Leben füllen würde. Doch täuscht diese Wahrnehmung, denn in Wirklichkeit bereitet er sich durch diesen winterlichen Rückzug darauf vor, im nächsten Frühjahr noch weitaus üppiger zu grünen, zu blühen, um dann noch reichere Früchte zu tragen, als er es je zuvor getan hat.

Heilung erfahren im Schweigen

Wie oft gibt Jesus ein Schweigegebot, nachdem er einen Menschen berührt und geheilt oder ihm ein Geheimnis offenbart hat. Zu dem Aussätzigen, der um Heilung bittet, sagt Jesus: „Ich will es – werde rein! Nimm dich in acht! Erzähl niemand davon, sondern geh, zeig dich dem Priester und bring das Opfer dar, das Moses angeordnet hat. Das soll für sie ein Beweis deiner Heilung sein" (Matthäus 8,3–4).

Der Geheilte muß lernen, sein Leben selbst wieder in die Hand zu nehmen. Dazu benötigt er Einübung und Zeit. Er soll schweigen und aus der Heilung keine Sensation machen, denn sonst erlangt er nur die äußere Heilung und nicht das Heil, das auch seine Seele umfaßt. Zum inneren Menschen und zu dem, was Christus wahrhaft in ihm bewirkt hat, muß der Geheilte erst langsam durch Stille reifen. Durch diese Verinnerlichung wird ihm erst allmählich aufgehen und eingehen, wer Jesus in Wahrheit ist, und von hier aus wird die heilende Verwandlung seiner Seele erfolgen.

Ähnliches geschieht beim Empfang der heiligen Kommunion. Jesus möchte uns und unsere Seele berühren. Es ist daher unverzichtbar, nach der Kommunion eine Zeit der Stille zu wahren, um diese Begegnung wahrhaft in sich durchdringen zu lassen und Wandlung und Heiligung zu erfahren. Vieles, was noch der Ruhe bedarf, um zu reifen, bis es sich ganz von selbst offenbart, würde zerstört werden, wenn es unterbrochen wird und wir uns vorschnell anderen Dingen zuwenden.

Maria – Trösterin der Betrübten

Gut drei Jahre lang war ich Wallfahrts- und Krankenhausseelsorger in Kevelaer, einem Gnadenort am Niederrhein. Ich durfte eine marianisch erfüllte Zeit erleben, die mich dem Geheimnis der Menschwerdung Gottes näherbrachte. Fast eine Million Pilger kommen im Jahr nach Kevelaer, um die Gnadenkapelle zu besuchen, in der seit 1642 das kleine luxemburgische Bild der „Trösterin der Betrübten" aufbewahrt wird. Auf dem Marienbild, das die Muttergottes mit ausgebreitetem Mantel zeigt, stehen folgende Worte: „Consolatrix afflictorum ora pro nobis" – „Trösterin der Betrübten, bitte für uns". Im Jahr 1987 besuchten Papst Johannes Paul II. und Mutter Teresa von Kalkutta den Wallfahrtsort Kevelaer und beteten in der Gnadenkapelle vor dem Muttergottesbild.

Durch intensive Gespräche mit Pilgern, die von überall kamen, um hier ihr Herz auszuschütten und ihre Seele von Belastungen zu befreien, durfte ich Einblick nehmen in das Geheimnis der Erlösung und der Liebe Gottes. Der Schöpfer hat etwas unendlich Liebevolles mit einem jeden von uns vor – selbst wenn wir zeitweilig daran zweifeln und uns die zu bewältigende Wegstrecke endlos und äußerst schwer zu gehen erscheint. Maria wird durch ihr unbedingtes Vertrauen, das sie der Liebe und Güte Gottes entgegenbringt, zur Wegbereiterin und Fürsprecherin bei ihrem Sohn Jesus Christus. Sie hat für viele Pilger – so durfte ich es staunend erfahren – den Himmel wieder geöffnet, so daß oft unerträgliches Leben sinnerfüllt und lebenswert wurde.

An die Zeit, in der ich als Priester in Kevelaer wirken durfte, denke ich voll Dankbarkeit zurück. Und nicht selten empfehle ich Menschen, die unter einer einengenden Lebenslast stehen, einen Wallfahrtsort zu besuchen, um zusätzliche Gnaden zu empfangen und – wenn die Zeit reif ist – seelisch entlastet und innerlich weit zu werden.

VERSTORBENE TRETEN FÜR UNS EIN – UND WIR FÜR SIE

Die Verstorbenen, die Nächstenliebe während ihres irdischen Daseins gelebt haben, sind in der jenseitigen Welt in noch weit höherem Maße von ihr erfüllt. Sie stehen in besonderer Weise den Menschen hilfreich zur Seite, die noch in dieser Welt mit menschlichen Schwächen belastet sind. Die Kraft ihrer Liebe kommt besonders ihren Blutsverwandten zu und denen, die es schwer haben, diese Welt zu bestehen.

Aber auch wir, die wir um diese liebenden Zusammenhänge wissen, dürfen andererseits unsere Verstorbenen nicht vergessen. Unser Gedenken und unser Gebet helfen ihnen auf ihrem Weg in die Lichtherrlichkeit Gottes. Daher wird in jeder heiligen Messe für die Verstorbenen gebetet: „Gedenke auch deiner Diener und Dienerinnen, die uns vorangegangen sind, bezeichnet mit dem Siegel des Glaubens, und die nun ruhen in Frieden. Wir bitten dich: Führe sie und alle, die in Christus entschlafen sind, in das Land der Verheißung, des Lichtes und des Friedens" (Erstes Eucharistisches Hochgebet). Die Kraft unseres Gebetes kommt in besonderer Weise denen zu, die diese Welt bereits verlassen mußten oder verlassen durften. Daher beten wir niemals für uns allein. Im Wissen und in der Gewißheit, daß viele Verstorbene Energie zum Heil benötigen, die aus der Tiefe eines Gebetes erwächst, übernehmen wir eine Verantwortung oder sogar eine Pflicht.

Leiden wir, leiden nicht nur hier auf Erden alle mit, die uns liebhaben, sondern auch alle aus jener Welt, die uns geistig und in Liebe verbunden sind. Freuen wir uns, dann freuen auch sie sich mit.

Schmerzen entgegentreten

Körperliche Schmerzen oder seelische Qualen engen unseren Blick ein, lenken ihn nur in eine einzige Richtung: auf den Wunsch hin, endlich hiervon erlöst zu sein. So schwer es uns Menschen auch in diesen ausweglos scheinenden Situationen fallen mag: Lösen wir uns von diesem irdischen oder leiblichen Schmerz – und sei es nur für Augenblicke im Gebet der Hingabe –, und gelingt es uns, Schicksalszusammenhänge zu erkennen, indem wir von uns selbst absehen und uns im Gebet auf Gott ausrichten, erhalten wir nicht nur einen Einblick in eine andere Dimension unseres Lebens. Er wird uns auch die Kraft schenken, mit unserem irdischen Leid anders umzugehen, es zu besiegen und mit unserem Schicksal fertigzuwerden.

Herr, wie viele Menschen sind dir nachgefolgt und haben alles zurückgelassen, um anderen, die sich in Not und im Schatten des Todes befanden, deine niemals endende und alles umfassende Liebe zu bringen. Heute leben diese herausragenden Menschen ebenso unter uns wie zu allen Zeiten. Sie stehen körperlich und seelisch Leidenden bei und festigen in ihnen die Hoffnung auf Heilung und die Gewißheit eines ewigen Lebens.

Herr, berühre auch mich und entzünde in mir das Feuer deiner Liebe, damit ich die vielen Leidtragenden in unserer Welt sehe und mich auf den Weg mache, ihnen zu begegnen und sie zu berühren. Ich möchte durch tätige Liebe die Hoffnung, die du in mein Herz gesenkt hast, weiterschenken zum Heil und zur Heiligung all derer, die noch getrennt sind von dir. Schaffe in ihnen das Leben neu und laß in ihrer Seele diese Verheißung erfahrbare Wirklichkeit und wirkliche Gegenwart werden.

Herr, gib mir Ausdauer und Durchhaltevermögen. Laß mich in dir meinen Stand finden und niemals mehr wanken – selbst wenn eine Zeit des Wartens mir unmöglich erscheint. Schenke mir die Kraft, notwendige Prüfungen und Anfeindungen zu ertragen, um aus ihnen unbeschadet und gereift hervorzugehen. Herr, du hast mir nicht den Geist der Verzagtheit gegeben, sondern du hast mir den Geist der Liebe eingesenkt, den Geist der Kraft und der Besonnenheit (vgl. 2 Timotheus 1,7).

Ich danke dir, Herr, für all das Gute, das ich von dir empfange. Ich danke dir für den Auftrag, hinauszugehen – aus mir herauszugehen –, um die am Rande Stehenden zur Mitte zu führen, damit auch sie durch dich das Leben neu gewinnen.

SEELISCHE NOT ÜBERWINDEN

In welchen unermeßlichen Tiefen sich ein Mensch in seinem irdischen Leben befinden kann, ist, wenn wir selbst diese Erfahrung noch nicht gemacht haben, nur zu ahnen. Seelisches

Leid oder Depressionen können zur Hölle auf Erden werden. Sind alle uns zur Verfügung stehenden Mittel und Möglichkeiten, zu helfen, erschöpft, dürfen wir trotzdem hoffen, daß dieser Zustand nicht endgültig ist. Jeder Mensch ist für den Himmel geschaffen, und das ist kein Ort, der nur über den Wolken zu suchen ist. Der Himmel ist sowohl von den tiefsten Tiefen der Erde als auch von der weitesten Entfernung von Gott durch die Menschwerdung Jesu Christi für jeden von uns greifbar geworden.

Die gesamte Sphäre zwischen den körperlichen – vor allem aber den seelischen – Toden, die ein Mensch erleiden kann, hat Christus durchschritten. Er hat sich der unausdenklichen Konsequenz von Verlassenheit ausgeliefert, um denen nahe und Nächster zu sein, die sich in tiefster Finsternis und im Schatten des Todes befinden. Christus ist aus Liebe zu uns Menschen bis zum Äußersten gegangen. Am Ölberg hat er sich nicht nur von den Menschen verlassen gefühlt, sondern auch von Gott, seinem Vater. Am Kreuz kamen zu diesen seelischen Schmerzen, die von Todesangst begleitet waren, noch die grausamen unerträglichen körperlichen Schmerzen hinzu.

In welcher seelischen oder körperlichen Not sich auch ein Mensch befindet: In jeder Situation, selbst wenn er von Gott abgewandt stirbt, wird er der liebenden und rettenden Hand Christi begegnen. Gott läßt uns die Freiheit, ob wir sie ergreifen oder nicht. Dieses Liebesangebot Gottes zu erkennen, bedarf jedoch einer erhöhten Wahrnehmung und eines kurzzeitigen Absehens von unserer bis aufs äußerste bedrängten Situation. An die Handreichung Jesu Christi kommt nichts Dunkles und Widergöttliches heran – so sehr es sich auch anstrengen mag. Die kraftvolle und liebende Hand Christi sagt uns, daß wir in das Reich des Lichtes und des Göttlichen gehören und schon in dieser Welt daran Anteil haben.

Mit Kränkung umgehen

Eine Kränkung wird dir wehtun. Sprichst du mit einem Menschen deines Vertrauens darüber, bleibe sachlich und versuche nicht, dem, der dich gekränkt hat, noch mehr anzuhängen. Wälze nicht alles auf den anderen ab, sondern suche mit deinem Gesprächspartner nach einem eventuellen Auslöser der Kränkung. Dieser Auslöser kann auch in dir liegen. Versuche trotz emotionaler Regungen sachlich zu sein und folge dem Rat, den dir der Mensch deines Vertrauens gibt.

Mußt du jedoch allein mit einer Kränkung fertigwerden, achte darauf, daß sie dich nicht vollständig besetzt. Stell dir vor, wie unwichtig diese Angelegenheit in zehn Jahren sein wird und wie unwichtig heute dasjenige geworden ist, was du an Kränkungen vor zehn Jahren erfahren hast. Versetze dich in die Lage des Menschen, der dich gekränkt hat. Was hat ihn veranlaßt, dich zu verletzen? Kommst du der Ursache näher, ist dies vielleicht eine Beruhigung für dich.

Und noch eine letzte Frage. Gab es nicht auch in deinem Leben Situationen, in denen du anderen Menschen zu nahe getreten bist und sie gekränkt hast?

TROST IN DER ARBEIT

Es ist nicht gut, wenn du in einer von Leid geprägten Zeit all deine Fähigkeiten ruhen läßt und dich in dich selbst zurückziehst. Damit mißt du dem Schmerz zuviel Bedeutung bei; indem du ihn zu deinem Mittelpunkt machst, vergrößerst du ihn nur noch um so mehr. Als Kraft wird sich dir Trost offenbaren, wenn du trotz deines bedauernswerten Zustandes deine gewohnte Arbeit aufnimmst und sie konsequent verrichtest. Sie ist nicht nur in der Lage, dich wie eine Brücke über den Abgrund zu tragen und dich die Zeit überstehen zu lassen, sondern sie fördert auch die Kraft deiner Seele.

Damit ist nicht gemeint, sich blindlings in Arbeit zu stürzen und alles andere zu vergessen. Damit ist auch nicht gemeint, Wege zur Bewältigung des Leids einzuschlagen. Die Arbeit jedoch stellt ein gesundes Gleichgewicht wieder her und läßt dich erfahren, daß alle Trägheit schwindet und du gebraucht wirst. Die Arbeit ist in der Lage, gesunde Kräfte zu mobilisieren, die als erstes dorthin fließen, wo du sie am dringendsten brauchst. Die Arbeit hilft dir und macht es leicht, einen Neubeginn zu wagen.

MUSIK KANN TRÖSTEN

Neben deinem Gebet und vielleicht auch einem Gespräch mit einem Gott nahen Menschen mag es Situationen in deinem Leben geben, in denen dir Musik Trost spenden kann. Manche Kompositionen – vorausgesetzt, du öffnest dich ihnen – senden Licht in die Tiefe deines Herzens. Sie berühren deinen inneren Schmerz und sind oft sogar in der Lage, ihn aufzulösen. Ludwig van Beethoven hat mit seinen späten Streichquartetten Werke von faszinierender Größe und grenzenloser Spiritualität geschrieben. Auch Franz Schubert erreichte mit seinem Streichquartett in C-Dur, das er in seinem letzten Lebensjahr schrieb, eine höchste Höhe, transzendente Schwingungen, in denen der Himmel die Seele des Menschen berührt und heilt. Zu Beginn und am Ende des zweiten Satzes, dem Adagio, spürt der Zuhörer, wie ihm „himmlische" Luft durch die Seele weht und sie zum Schöpfer erhebt.

BÜCHER, DEINE FREUNDE

Wenn du zurückschaust auf die geistliche Literatur, die dir bisher in deinem Leben begegnet ist und die dir bis heute viel bedeutet, so darfst du dankbar für diese Begegnungen sein. Du wirst sicherlich die Erfahrung gemacht haben, daß jedes Buch seine eigene Stunde hat. Jemand schenkt dir die „Bekenntnisse" des Augustinus, und du stellst fest, daß sie dich in keiner Weise ansprechen. Und auf einmal, es können Jahre oder Jahrzehnte vergangen sein, nimmst du dieses Buch wieder zur Hand, und es offenbart sich dir. Es gibt geistliche Literatur – wenn sie uns in der rechten Stunde begegnet –, die unser Leben verändert und ihm einen tieferen Sinn gibt. Denke an die großen Klosterregeln, die Exerzitien des Ignatius von Loyola, die Werke der Teresa von Avila und des Johannes vom Kreuz; denke an Thomas von Kempen, Meister Eckhart, Blaise Pascal, Therese von Lisieux oder Henri Nouwen.

Begnadete geistliche Literatur ist ein Geschenk des Himmels an dich, für das du nichts leisten mußt. Du kannst ein Buch zur Hand nehmen und mit dem Lesen aufhören, wenn immer du es möchtest. Es ist wie ein guter Freund, der zu dir spricht, aber auch schweigt, wenn es dir zu viel wird. Er wartet auf dich, selbst wenn es Jahre dauert, und begegnet dir mit der gleichen geistlichen Frische und Selbstverständlichkeit wie eh und je. Vergiß diese Freunde niemals, die auf dich warten und dir sowohl in Hoch-Zeiten als auch in Krisenzeiten, bei Enttäuschungen, Unsicherheit, Schmerz und Trauer viel zu geben haben.

LEID, DAS UNUMGÄNGLICH IST

Es wäre ein schlechter Trost, der dich das Leid, das dich umfängt, verdrängen oder gar vergessen lassen würde. Ein guter Trost jedoch besteht darin, dir bewußt und erfahrbar zu machen, daß Leid etwas Vorübergehendes ist und jenseits allen Leidens ein heiles Land und Ewigkeit in dir ruht. Zeigt dir der Trost einen Weg, dieses Land zu berühren und seine heilenden Kräfte zu wecken, wird das Leid dich nicht mehr ganz und gar in Besitz nehmen, sondern es wird angesichts des Heilandes und des von ihm ausgehenden Friedens seine dich beherrschende Macht verlieren.

Nicht immer darfst du davon ausgehen, daß der Herr sofort dein Leiden in Freude verwandelt. Ist das dir auferlegte Leid unumgänglich, weil es im Schöpfungsplan für dich vorgesehen ist, darfst du sicher sein, daß der Herr dir zur Seite steht und dein Kreuz so lange mitträgt, bis du es mit seiner Hilfe überwunden hast.

UNUMGÄNGLICHES ANNEHMEN

Suche niemals ein Kreuz auf dich zu nehmen, das nicht das deine ist. Dein eigenes Kreuz brauchst du weder zu suchen noch auf dich zu nehmen, es wird dir – ob du es möchtest oder nicht – auferlegt. In vielem hast du die Freiheit, so zu entscheiden, wie es für dich das Beste ist. Von dieser Entscheidungsfreiheit solltest du auf jeden Fall Gebrauch machen.

Versuche nicht, durch einen reißenden Fluß zu schwimmen, wenn ganz in der Nähe eine Brücke über ihn führt. Ist die Eingangstür zu einem Haus sehr niedrig, so bücke dich, wenn du eintreten möchtest. Liegt ein schwerer Stein auf deinem Weg, so bemühe dich nicht, ihn fortzuschaffen, sondern gehe um ihn herum.

Es gibt allerdings Dinge, die du in deinem Leben nicht umgehen kannst, und magst du dich noch so anstrengen, den Weg des geringsten Widerstandes zu gehen – es wird dir nicht gelingen. Nimmst du das Unumgängliche in deinen Blick und schreitest mutig darauf zu, wirst du es besser und schneller überwinden, als wenn du lange nach Aus- und Umwegen suchst.

Als Jesus seine Rede in der Synagoge seiner Heimatstadt Nazareth beendet hatte, gerieten die Leute in der Synagoge in Wut und lehnten ihn ab. „Sie sprangen auf und trieben Jesus zur Stadt hinaus; sie brachten ihn an den Abhang des Berges, auf dem ihre Stadt erbaut war, und wollten ihn hinabstürzen. Er aber schritt mitten durch die Menge hindurch und ging weg" (Lukas 2,29–30).

„Vater des Erbarmens und Gott allen Trostes"

Trost, den ein Mensch einem anderen zu geben vermag, muß über menschliches Denken und Fühlen hinausgehen und in Gott gegründet sein. Trost hat letztlich immer mit Gott zu tun, der zu einem jeden von uns sagt: „Ich bin da für dich" (vgl. Exodus 3,14).

„Gepriesen sei der Gott und Vater Jesu Christi, unseres Herrn, der Vater des Erbarmens und der Gott allen Trostes. Er tröstet uns in all unserer Not, damit auch wir die Kraft haben, alle zu trösten, die in Not sind, durch den Trost, mit dem auch wir von Gott getröstet werden. Wie uns nämlich die Leiden Christi überreich zuteil geworden sind, so wird uns durch Christus auch überreicher Trost zuteil. Unsere Hoffnung für euch ist unerschütterlich; wir sind sicher, daß ihr mit uns nicht nur an den Leiden teilhabt, sondern auch am Trost" (2 Korinther 1,3–5.7).

Diese Leiderfahrung mit dem gekreuzigten Christus hat Paulus, der diese Worte schrieb, zutiefst befähigt, zum

Tröster, Helfer und Hoffnungsbringer für viele zu werden. Wahrscheinlich ist nur derjenige in der Lage, wahrhaft zu trösten, der selbst gelitten hat.

HOFFNUNG, ZUVERSICHT UND GEWISSHEIT

„Der Herr ist mein Hirte, nichts wird mir fehlen. Muß ich auch wandern in finsterer Schlucht, ich fürchte kein Unheil; denn du bist bei mir, dein Stock und dein Stab geben mir Zuversicht" (Psalm 23,1.4).

Herr, du hast von dir gesagt: „Ich bin der gute Hirt. Der gute Hirt gibt sein Leben hin für die Schafe" (Johannes 10,11). Du kennst alle Wege des Lebens, ja, auch den Weg durch das Tal des Todes. Ich vertraue und hoffe darauf, daß du mich nicht nur in meiner Einsamkeit begleitest, sondern mich einmal durch den Tod hindurch führst und mir Teilhabe an deiner Auferstehung gewährst. Du bist hinabgestiegen in das Reich des Todes und hast alle aus der Dunkelheit in dein wunderbares Licht gezogen.

Herr, du gibst mir die Zuversicht, daß du auch meine Hand ergreifst und mich vor den verschlingenden Chaosmächten bewahrst. Herr, all meine Hoffnung und meine Zuversicht sind zu einer Gewißheit geworden, die mich trägt und mir mein Leben auch in Bedrängnis lebenswert macht. Wie ein Wasserzeichen ist dieses Bewußtsein in meine Seele eingraviert. Ich fürchte kein Unheil, denn du bist der gute Hirt, der mich sicher führt und dorthin geleitet, wo du eine ewige Heimat für mich bereitet hast.

DU BIST NICHT ALLEIN

MENSCHEN BRAUCHEN MENSCHEN

Glaubst du, mit all dem Üblen, was dir begegnet, allein fertigzuwerden? Kommst du oft vor Kummer nicht in den Schlaf? Wenn du all das, was dich innerlich bewegt, und all das, was du in dich aufnimmst, nicht bei Zeiten wieder ausdrückst, wirst du krank. Du solltest Wege und Menschen finden, um dich „aus-drücken" zu können. Viele Menschen machen den Fehler, alles bei sich zu behalten statt sich auszutauschen und sich damit zu entlasten und zu befreien. Man muß zwar nicht über alles reden, doch gibt es manches, mit dem man nicht allein fertigwird. Denke an das Wort Gottes im Schöpfungsbericht: „Es ist nicht gut, daß der Mensch allein bleibt" (Genesis 2,18).

ALLEINSEIN KANN ZUR EINSAMKEIT FÜHREN

Des öfteren allein zu sein und die Stille zu pflegen ist sehr heilsam. Eindrücke klingen aus, und Wesentliches, das bisher verdeckt war, kann durchscheinen und uns einen neuen Lebenssinn vermitteln. Doch heißt es auch hier: Maß halten und die stillen Zeiten unserer Gangart anpassen. Für jemanden, der in einer großen Familie lebt oder der einen Beruf ausübt, in dem er mit vielen Menschen zusammenkommt, werden die stillen Stunden von ganz anderer Bedeutung und Wirkung sein als für jemanden, der allein lebt, kaum Kontakt zu anderen Menschen hat und sich einsam fühlt.

Wichtig ist daher, in einem ausgewogenen Wechsel zwischen Stille und Aktivität zu leben. Man kann selbst dann tiefe Stille erfahren, wenn man mit einem Menschen zusammenlebt oder unter vielen ist. Sowohl in seinem aktiven Lebensbereich über lange Zeit keinem Menschen zu begegnen, als auch in seiner stillen Zeit immer allein zu sein, ist für niemanden förderlich. Da es nicht gut ist, allein zu sein, sollte man sich einer christlichen Gemeinschaft anschließen und, wenn es möglich ist, persönlichen Kontakt mit diesem oder jenem Menschen pflegen.

SPIEGEL DER SEELE – DEIN GESICHT

Heiterkeit ist weitaus mehr als Fröhlichkeit, die meist schnell wieder vergeht. Es mag einer sich alles leisten können, weil er reich ist, doch damit ist noch nicht gesagt, daß er auch heiter ist. Ist er jedoch heiter, dann spielt es überhaupt keine Rolle, ob er jung oder alt ist, arm oder reich. Es mag jemand ein schönes Gesicht haben – wenn es jedoch niemals lächelt, fehlt ihm etwas Wesentliches, und es bleibt kalt.

Die Wurzeln der Heiterkeit greifen tief in das Innere des Menschen, in einen Bereich, zu dem wir durch unser Denken und Wollen keinen Zugang haben. Das Herz des Menschen verändert sein Gesicht und macht es heiter, verschlossen oder gar traurig.

Ist das Herz weit und nicht durch Egoismus verschattet, so spiegelt sich dies in einem heiteren Angesicht wider. Selbst ein durch Sorgen, Kummer, Leid oder Schmerzen belasteter Mensch kann Heiterkeit ausstrahlen – Voraussetzung jedoch ist, daß er ein gutes Gewissen hat. Die Schlechtigkeit jedoch macht das Aussehen eines Menschen düster und verfinstert sein Gesicht. Er kann zeitweilig zwar fröhlich sein, doch eine tiefgreifende und bleibende Heiterkeit des Herzens ist ihm fremd.

DURCH AUSSPRECHEN ANS LICHT BRINGEN

Du empfängst nicht nur vorübergehenden Trost, sondern erfährst Entlastung, wenn du innere Bedrängnisse und Versuchungen bei einem Menschen aussprechen kannst, der dein volles Vertrauen besitzt. Ein wahrer geistlicher Begleiter versteht sofort die Hintergründe und Zusammenhänge dunkler Machenschaften, die in deine Seele eingedrungen sind. Erfahrungsgemäß solltest du nicht allein damit umgehen, denn die Gefahr ist groß, im Alleingang falsche Rückschlüsse zu ziehen und letztlich doch zu erliegen.

Der Feind scheut es, wenn seine Einflüsterungen offenkundig und seine Listigkeiten durchschaut werden – möchte er sie doch wegen ihrer größeren Wirksamkeit unter allen Umständen geheimhalten. Gehe deshalb zu einem vertrauten Menschen und sprich alles aus, was dir auf der Seele liegt. Es mißfällt der Dunkelheit, wenn sie ans Licht gezerrt wird, da sie je nach Stärke des Lichtes ihre eigene Existenz verliert. Nur so ist es möglich – ohne sich lange mit der Dunkelheit auseinanderzusetzen –, sie auf Dauer gänzlich zum Schwinden zu bringen. Der Böse scheut in besonderer Weise das Licht, denn dadurch werden seine Betrügereien offenkundig und nichtig.

Du bist nicht allein

Befindest du dich in einer Phase geistlicher Trockenheit – man könnte es auch Trostlosigkeit nennen –, dann versuche zu verstehen, was der Herr dir damit sagen möchte. In jedem Fall darfst du sicher sein, daß letztlich etwas Gutes mit dir geschieht. Wenn dich der Herr dir selbst überläßt, möchte er dich erkennen lassen, inwieweit du Anfeindungen und Versuchungen widerstehen kannst. Im Grunde schickt er dich nicht ohne seine liebende Gegenwart und Hilfe in eine Situation, in der du ohne ihn nicht bestehen könntest. Er steht dir immer zur Seite – auch in der Zeit deiner Trostlosigkeit, die eine Herausforderung und Prüfung für dich ist. Hast du sie überstanden, wird dir dankbar bewußt, welch großen Reichtum du an innerem Leben gewonnen hast.

Bevor du eine falsche Entscheidung triffst, halte dich zurück und entscheide dich vorerst nicht. Wenn Zweifel dich überfallen oder eine große Traurigkeit, gehe zu einem geisterfüllten, Gott nahen Menschen und besprich dich mit ihm. Vertraue dich einem Seelsorger an – er wird dir die tieferen Zusammenhänge deiner Trostlosigkeit erklären und dir Mut machen, deinen Glaubens- und Lebensweg ungehindert fortzusetzen. Hast du mit seiner Unterstützung und der Gnade

Gottes diese Phase der Trostlosigkeit überwunden, wird deine Liebe zu Gott und den Menschen eine größere sein als zuvor. Du lebst in tiefer Gewißheit, daß Gott als Liebender nicht nur existiert, sondern auch in dir anwesend ist und dich niemals verstößt. Kann es eine größere Freude geben?

MENSCHEN MEIDEN DICH

Es gab Zeiten, in denen ich in Schwierigkeiten, die andere hatten, sofort und oft unüberlegt eingreifen mußte. Ich ließ sie zum Teil nicht einmal ausreden, denn ich hatte mein Urteil schon längst gefällt. Ich dachte immer und war überzeugt davon, daß sich meine Liebe zum Nächsten auch in dieser Weise ausdrücken müsse. Doch das Ergebnis war, daß ich eher Verhärtungen sowohl bei den anderen als auch bei mir selbst feststellte. Die erhofften positiven Veränderungen, die zu einer gemeinsamen Lebensfreude führen sollten, blieben aus.

In einem geistlichen Gespräch fragte ich den Priester, was ich tun solle, denn mein vorschnelles Urteilen und Eingreifen in die Angelegenheiten anderer bringe mich in Schwierigkeiten. Kaum sei ich unter Menschen, würde ich beginnen, sie zu beurteilen. Er gab mir zu verstehen, daß dies eine nicht geringe Schwäche sei, an der ich unbedingt arbeiten müsse. Ein Wort von ihm am Ende unseres Gespräches hat mir geholfen und ist mir bis heute in Erinnerung geblieben: „Wenn Sie mit anderen Menschen zusammen sind, dürfen Sie nicht viereckig sein, so daß ein jeder sich gleich an Ihnen stößt. Sie sollten versuchen – und das kann man lernen –, rund zu sein. Dann können Sie sich allen zuwenden, und niemand würde sich mehr an Ihnen stoßen."

EINDRÜCKE AUSDRÜCKEN

Als junger Mensch fiel es mir äußerst schwer, über bestimmte Lebensfragen und Situationen mit anderen zu sprechen und mir bei ihnen Rat zu holen. Ich habe darunter gelitten, da ich vieles verdrängte, das dann zu einer immer größer werdenden Last wurde. Bestimmte persönliche Dinge konnte ich einfach meinen Eltern nicht anvertrauen, und in der Beichte fiel es mir oft noch schwerer, etwas darüber zu sagen. Vom Kopf her war es mir klar, wie befreiend es ist, Eindrücke sich lösen zu lassen, indem ich sie ausspreche. Das Wort „Lossprechung" hat einen guten Klang und verspricht Erlösung von allem Unguten und Schattenhaften. Obwohl ich die inneren und auch gnadenhaften Zusammenhänge längst begriffen hatte, brachte ich es kaum fertig, mich zu öffnen. Das Introvertiertsein führte so weit, daß ich unter den heftigsten Kopfschmerzen litt.

Erst Jahrzehnte später, nachdem ich eine wunderbare Gebetsweise erlernt hatte, die in ein lebendiges Schweigen vor Gott führt, begannen ganz von selbst sich die inneren Verkrampfungen allmählich zu lösen. Der zum Teil blockierte Weg wurde mehr und mehr von Hindernissen befreit, so daß sich sogar die Zunge löste und ich bisher Unaussprechliches auszusprechen begann. Ein wunderbares Wort des Weisheitslehrers Jesus Sirach begleitet mich seitdem und möchte allen, die ähnlich fühlen, Rat geben: „Doch berate dich mit einem stets Besonnenen, von dem du weißt, daß er die Gebote hält, mit einem, dessen Herz denkt wie dein Herz und der dir hilft, wenn du strauchelst. Der Anfang eines jeden Werkes ist das Wort, der Anfang jeder Tat die Überlegung. Die Wurzel der Pläne ist das Herz" (Jesus Sirach 37,12.16–17).

Gegenseitig Halt geben

Auf Gott hören wir nur, wenn wir schweigen und uns ihm ganz anvertrauen und sensibel genug werden, tiefere Zusammenhänge zwischen Gott, den Menschen und der gesamten Schöpfung wahrzunehmen. Damit Leben sich wandeln und entfalten kann, muß zunächst alles entfernt werden, was nicht zu uns gehört und uns hindert, unser ureigenstes Leben zu leben. Der erste Schritt auf jedem geistlichen Weg besteht im Freiwerden von allen Hindernissen. Daher wird diese Phase auch Weg der Reinigung genannt.

Es ist gut, Menschen zu finden, die mit uns den Gebetsweg gehen, uns Halt geben, und mit denen wir auf der Grundlage gemeinsamer Erfahrung nach Antworten auf neue und alte Fragen suchen.

AUS-GEHEN

Es hatte für mich immer etwas Aufregendes, wenn mein Vater mich fragte – das kam allerdings selten vor –, ob ich mit ihm allein einen Spaziergang machen würde. Er merkte, wie sehr ich ihn in meinen kritischen Jahren als Junge zwischen 10 und 15 brauchte. Gerade in dieser Zeit fühlte ich mich stark von ihm angezogen, andererseits aber auch wieder abgestoßen. Wir gingen schnellen Schrittes nebeneinander her, und keiner von uns sprach. Es war mir besonders angenehm, daß wir uns beim Gehen nicht ständig in die Augen sahen.

Dann begann Vater mit seiner ruhigen und lieben Stimme mir den Unterschied zwischen Mann und Frau zu erklären. In der Schule wurde damals noch kein Sexualunterricht angeboten. Ich hatte zwar einiges von Mitschülern gehört, es aber wohl nicht richtig verstanden, weil ich in vielem noch zu jung und unerfahren war. Doch jetzt war es Vater an meiner Seite, der mich einführte in die Geschlechtlichkeit des Menschen und in das Geheimnis neuen Lebens. Manchmal, wenn es um mich selbst ging, machten mich seine Worte verlegen, und ich war froh, im Gehen die Natur um mich herum zu erleben und den Blick nach vorn gerichtet zu haben.

Wenn es später in meinem Berufsleben um kritische Themen ging, habe ich immer versucht, das Gespräch mit einem Spaziergang zu verbinden. Ein mir gut bekannter Priester, der gern kocht, nimmt den Gesprächspartner mit in seine Küche. Während er dann die Mahlzeit bereitet und beim gemeinsamen Essen unterhalten sie sich. Mir liegt so etwas nicht – ganz abgesehen davon, daß unter diesen Umständen jegliche Kochkunst bei mir versagen würde.

Regelmäßig – fast alle vier Monate – rief mich mein Bischof zu einem persönlichen Gespräch. Wie freute ich mich, als er beim ersten Mal fragte, ob wir in dieser Stunde spazieren gehen könnten. Im Gehen und Fortschreiten Anstehendes zu besprechen, vermittelte mir Freiheit und stärkte mein Selbstbewußtsein. Erleichtert und gelöst, mit neuen Schwerpunkten und Zielen vor Augen, verabschiedete ich mich von ihm, als wir wieder am Bischofshaus angekommen waren.

Vater und der Bischof waren wichtige Personen in meinem Leben. Während der Spaziergänge kamen wir uns innerlich am nächsten. Und beide verstanden es, im Gehen ein Fundament in mir zu festigen. Wenn es eben möglich ist, das heißt, mein Besuch ist einverstanden und das Wetter läßt es zu, unternehmen wir einen Spaziergang, um dann anschließend unter vier Augen noch einmal zu Hause alles zusammenzufassen. Es ist jedes Mal ein Geschenk für mich, wenn ich auf dieser Grundlage den Segen oder gar das Sakrament der Versöhnung spenden darf.

EINER TRAGE DES ANDEREN LAST

Eine Frau bat mich dringend um Hilfe, ihre Ehe zu retten. Sie fühlte sich stark belastet durch eine kurzfristige Affäre mit einem anderen Mann, über die sie bisher geschwiegen hatte. Durch Gespräch und Gebet war sie mit sich selbst ins Reine gekommen, doch ihrem Mann gegenüber wußte sie nicht, wie sie sich verhalten sollte. Als ich ihr riet, mit ihrem Mann offen über alles zu reden, verneinte sie aus Angst, ihre Ehe würde daran zerbrechen.

Wir kamen nicht weiter, und ein unguter Schatten legte sich über sie und ihren Mann. Nach weiteren langen Gesprächen und fürbittenden Gebeten sah sie ein, daß es keinen anderen Weg für sie und ihre Ehe gab, als mit ihrem Mann darüber zu sprechen. Ich habe selten einen Menschen erlebt, der so mit sich gekämpft und gerungen hat, bis er seine innere Entscheidung auch in die Tat umsetzen konnte. Ihr Mann, obwohl er seine Frau niemals auf eine Vermutung hin angesprochen hätte, fühlte sich nach dem Gespräch ungemein erleichtert. Die Frau sagte mir später, daß sie sich innerlich noch nie so nahe gewesen seien wie nach ihrem Bekenntnis. Doch das Ergreifendste sei gewesen, daß ihr Mann gesagt habe, er wolle die Hälfte ihrer Schuld auf sich nehmen. In diesem Augenblick habe sie gewußt, daß ihr Mann und sie zusammenbleiben können.

„Denn wenn sie hinfallen, richtet einer den anderen auf. Doch wehe dem, der allein ist, wenn er hinfällt, ohne daß einer bei ihm ist, der ihn aufrichtet" (Kohelet 4,10).

PRÄSENT SEIN

Unser unsteter Geist wird selbst in wichtigsten Lebenssituationen immer wieder vom eigentlichen Thema, welches augenblicklich ansteht, abgezogen, da wir uns der Bedeutung und Tragweite der momentanen Situation und der damit verbundenen Verantwortung nicht genügend bewußt sind: Frage ich jemanden nach seiner Meinung, habe ich die Antwort bereits im Kopf. Während ich mich einem Menschen zuwende, sind meine Gedanken bereits bei einem anderen. Höre ich jemandem zu, ziehe ich bereits nach wenigen Sätzen Schlüsse und bilde mir ein vorschnelles Urteil.

Wir können uns darin üben, im Augenblick ganz präsent zu sein, indem wir aufmerken und mit unserem Wahrnehmungsvermögen bei dem sind, was gerade geschieht. Erst dann werden wir dem Anspruch an uns gerecht.

Es gehört mit zur Erfüllung der Nächstenliebe, einem anderen, der vielleicht gerade unsere Hilfe benötigt, Aufmerksamkeit zu schenken. Gott hat es so gewollt und verantwortet es auch, daß mir gerade dieser oder jener Mensch mit seinem bestimmten Anliegen begegnet. Und selbst, wenn ich dieselben Worte schon einmal aus seinem Munde gehört habe – bei älteren Menschen kommt das häufig vor –, sollte ich mich aus Liebe zu ihm so verhalten, als ob ich sie zum ersten Mal wahrnehmen würde.

Wie gut tut es nicht nur einem Lektor, der in der heiligen Messe die Lesung vorträgt, sondern dem Wort Gottes und mir selbst, wenn ich den Worten aufmerksam folge, ihn anschaue und mich in die Lage versetze: Die Botschaft ist für mich in diesem Augenblick völlig neu, ich habe sie noch niemals vorher gehört.

„Denn wenn ihr den Menschen ihre Verfehlungen vergebt, dann wird euer himmlischer Vater auch euch vergeben. Wenn ihr aber den Menschen nicht vergebt, dann wird euch euer Vater eure Verfehlungen auch nicht vergeben" (Matthäus 6,14–15). Während meiner Studienjahre hatte ich einen guten Freund. Wir verstanden uns und konnten über alles reden – die besten Voraussetzungen für eine lang anhaltende und tragende Freundschaft. Doch plötzlich kam es von meiner Seite zu einem Bruch, den ich bis heute nicht überwinden kann. Als Vater tödlich verunglückte, schmerzte es mich, daß mein Freund nicht gleich zu mir kam. Und dieses Gefühl verstärkte sich noch, als er nicht zur Beerdigung kam. Er sagte, er müsse seinen Vater unbedingt zum Flughafen fahren. Später stellte es sich heraus, daß dies ein Vorwand war.

Die gute innere Verbindung zu meinem Freund war vollständig abgebrochen, und meine Freundschaft mit ihm war zu Ende. Wenn wir uns heute begegnen – es kommt selten vor –, habe ich das Gefühl, einem Fremden gegenüberzustehen. Gewesenes schmerzt mich zwar nicht mehr, aber innerlich spüre ich kein Verlangen, mit ihm zusammenzukommen und zusammenzusein.

Es gelingt mir nicht, das oben genannte Wort Jesu aus der Bergpredigt in diesem Fall in die Tat umzusetzen. Ich habe es mehrfach versucht, aber mein Herz bleibt kalt. Ein Wort des Weisheitslehrers aus dem Alten Testament kommt meiner Unfähigkeit zu vergeben ein wenig entgegen. „Willst du einen Freund gewinnen, gewinne ihn durch Erprobung, schenk ihm nicht zu schnell dein Vertrauen! Mancher ist Freund je nach der Zeit, am Tag der Not hält er nicht stand" (Jesus Sirach 6,7–8).

Durch Nächstenliebe Gott erfahren

Durch die Liebe zum Mitmenschen kannst du Gottes Liebe erfahren. Du dankst Gott und gibst ihm die Ehre durch dein Gebet, durch Betrachtung, Versenkung, Meditation und durch deine Anbetung. Am meisten ehrst du ihn jedoch und kommst du ihm näher durch deine liebevollen Beziehungen zu anderen Menschen. Da jeder Gott in seinem Herzen trägt, sollte der hohe Wert der gegenseitigen Ehrerbietung und Achtung dir einleuchten. Du drückst das höchste Lob Gott gegenüber aus, wenn du in einem guten Verhältnis zu deinen Mitmenschen lebst. In der Liebe zu deinem Nächsten begegnest du Gott, denn Gott wohnt in der Liebe. Ohne deinen Nächsten zu lieben, wird es dir auch nicht möglich sein, Gott zu lieben. Wenn du keine Liebe zum Mitmenschen hast und diese Liebe nicht pflegst, wird dein Beten und deine Teilnahme an den Sakramenten zum größten Teil unfruchtbar bleiben.

Die echte Liebe zu deinem Nächsten kann niemals der Liebe zu Gott im Wege stehen. In einer wahren Liebe wirst du immer das Wohlergehen des anderen in deinem Blick und in deinem Herzen haben.

„Wir wollen lieben, weil er uns zuerst geliebt hat. Wenn jemand sagt: Ich liebe Gott!, aber seinen Bruder haßt, ist er ein Lügner. Denn wer seinen Bruder nicht liebt, den er sieht, kann Gott nicht lieben, den er nicht sieht. Und dieses Gebot haben wir von ihm: Wer Gott liebt, soll auch seinen Bruder lieben" (1 Johannes 4,19–21).

DIE LIEBE HÖRT NIEMALS AUF

Wenn Verpflichtungen, die uns persönlich ganz in Anspruch genommen haben, gelöst sind und wir uns dazu bereit fühlen, die uns zuströmende Gnade weiterzuschenken, sollten wir für die Menschen da sein, die Opfer der Lieblosigkeit anderer geworden sind. Ihr Rufen und ihr Schreien nach Zuwendung und Liebe ist unüberhörbar. Es gibt die verschiedensten Hilfsaktionen, die von engagierten Menschen gegründet wurden, die entweder selbst Opfer der Gewalt und der Lieblosigkeit sind, oder ein derart weites und mitfühlendes Herz für diejenigen haben, denen man Schlimmes angetan hat.

Aber auch die Täter bedürfen unserer Zuwendung und Hilfe. In Hinblick darauf, daß sie vielleicht selbst Ungeliebte sind und die Basis ihres Urvertrauens erheblich gestört ist, stellen sich uns zusätzlich weitere Aufgaben.

Als ich Wallfahrts- und Krankenhausseelsorger in Kevelaer war, lernte ich die Provinzoberin der „Schwestern von der Göttlichen Vorsehung" kennen. Sie besuchte regelmäßig die Justizvollzugsanstalt Pont, die zu Geldern gehört. Hier leitete sie einen Gesprächskreis von Straftätern, dem sie noch lange nach ihrer Pensionierung treu blieb. Was diese herausragende Frau dort geleistet hat – sie schrieb mir später oft in ihren Briefen davon –, ist nicht nur hoch anzuerkennen, sondern grenzt an ein Wunder.

Wenn der Egoismus zu stark wird

Bei Menschen, die allein leben und die nicht ständig Rücksicht auf ihre Familie oder eine Gemeinschaft nehmen müssen, stelle ich sehr häufig einen zunehmenden Egoismus fest. Da dieser Prozeß schleichend vor sich geht, wird er von vielen überhaupt nicht bemerkt. Ich erlaube mir manches Mal, einige Gesprächsminuten lang zu zählen, wie oft das Wort „Ich" vorkommt – und bin dann über die Häufigkeit entsetzt. Es sind nicht ältere und kranke Menschen, die ich damit meine, sondern mitten im Leben stehende. Leider wird der Trend immer größer, allein zu leben und damit in gewisser Weise auch „rücksichtslos". Eine derartige Entwicklung ist besorgniserregend und kann auf die Dauer äußerst gefährlich werden.

Was ist zu tun, wenn der Egoismus und die damit verbundene Bequemlichkeit zu stark werden?

Miteinander reden – darüber sprechen

Während eines Urlaubs an der See bemerkte ich eines Nachts, daß ich ein Mann wurde. Ich war 13 Jahre alt, als ich diese aufregende Spannung an mir entdeckte. Männer und Frauen – ja, sogar das ganze Leben – erschienen mir auf einmal in einem ganz anderen Licht. Ich beobachtete meine Eltern mit einem neuen Blick und spürte eine mir bisher unbekannte Distanz zu ihnen. Da wir bei gutem Wetter viel am Strand waren, uns sonnten, Wanderungen unternahmen und mit Strandnachbarn Handball spielten, gab es für mich viel zu sehen und Neues zu entdecken. Eine ungeahnte Lebensfülle strömte auf mich ein, und ich genoß durch all meine Sinne diesen Aufbruch in meine eigene tiefere, mir sich so wunderbar offenbarende Gefühlswelt. Am liebsten saß ich – ein wenig verborgen – im Strandkorb und beobachtete mit einer sich steigernden Lust die Schönheit und Formen der sich bewegenden Körper. Es tat mir unendlich gut und gab mir Sicherheit, daß Vater in meiner Nähe war. „Er hat einen Körper wie ich ihn habe, und bestimmt hat er früher diese aufbrechenden männlichen Kräfte genauso erlebt!"

Unfähig, mit jemandem über das Neue an mir und mit mir zu sprechen, zog ich mich in mich selbst zurück. Vater war natürlich an meiner Seite, und ich sah und erlebte ihn täglich, doch ich vermochte nicht, mit ihm über das zu sprechen, was mich so sehr bewegte. Eine eigentümliche Spannung zu ihm baute sich auf: Er war mir Vorbild, und gleichzeitig erlebte ich einen Konkurrenten in ihm. Allzu gern hätte ich mich bei ihm angelehnt und im Vertrauen – da er mein Vater ist und mir nahe – alles von mir erzählt: meine unruhigen Nächte, meine Sehnsucht, mein neues Körpergefühl. Ich hätte ihn vieles gefragt, wie er seinen Aufbruch als Junge erlebt hat, ob er auch … und wie es mit mir weitergehen würde. Doch keiner von uns beiden ging auf den anderen zu. Ich blieb allein und mußte in den kommenden Jahren viele Um- und Irrwege gehen, bis ich den Sinn und Auftrag meines Lebens einsehen konnte. Später, als Vater schon lange nicht mehr lebte, habe ich im stillen zu ihm gesprochen, mich bei ihm angelehnt und ihm alles offenbart, was mein Herz bewegte. Und konkret durfte ich es bei meinem Beichtvater, der mir viel Zeit und Liebe schenkte. Es gab viel zu bereden, denn ich hatte bitter erfahren müssen, daß sich der Teufel über keinen so sehr freut wie über den, der seine Gedanken und Gefühle nicht offenbart.

„Ihr seid das Salz der Erde" (Matthäus 5,13), sagt Jesus in der Bergpredigt zu uns. Wenn das Salz allerdings seinen Geschmack verliert, taugt es zu nichts mehr, und es wird weggeworfen. Auf der anderen Seite ist die Wirkung des Salzes groß: Wenige Körnchen machen eine Suppe schmackhaft. Ein Christ sollte für seine Umgebung so etwas wie eine Würze sein. Durch ihn sollte das Leben einen würzigen und besseren Geschmack bekommen und sich entsprechend verändern.

Ein unbedachter, fanatischer und aufdringlicher Mensch jedoch versalzt den anderen nur die Suppe. Wer sie dann trotzdem auslöffeln muß, hat unter Umständen vom Christentum ein für allemal genug. Jede Hilfe und alles, was wir einem anderen raten, sollte sorgfältig bedacht und seiner Gangart angepaßt sein.

ZUWENDUNG ERFAHREN

Am Ende meines ersten Kurses zur Selbsterfahrung fragte mich bei der Verabschiedung der Kursleiter, ob er mich umarmen dürfe. Ich war momentan ein wenig konsterniert, konnte dann aber nicht anders als Ja sagen. Und froh war ich, als er mich nach der Umarmung wieder mir selbst überließ. Ich muß einen sonderbaren Eindruck gemacht haben.

Auf der Rückfahrt – der Kurs hatte in Bayern stattgefunden, und ich mußte nach Norddeutschland – dachte ich lange darüber nach und versuchte zu erkunden, warum ich mich innerlich so gesperrt hatte. „Männer tauschen keine Zärtlichkeiten untereinander aus", so klang es noch von früher in meinen Ohren. Aber diese Umarmung war vom Erlebnis her etwas ganz anderes: menschliche Zuneigung und Freude darüber, daß es dich gibt. Langsam ging mir die Intention auf, die hinter der Frage, mich umarmen zu dürfen, stand.

Der Kursleiter, den ich sehr wertschätze, hatte mit dieser Geste bei mir erreicht, daß ich nicht nur ein Vorurteil abbauen konnte, sondern daß sich auch in meinem Inneren ein menschlicher Bereich auftat, der bisher verschlossen war. Obwohl ich mit ihm nie darüber gesprochen habe, wurde bei weiteren Kursen eine ähnliche Verabschiedung selbstverständlich – ja, ich freute mich sogar darüber.

Worte, die tragen

Letzte Worte eines Menschen, der aus diesem Leben gerufen wird, haben eine außerordentliche Bedeutung. Stirbt jemand zu Hause in ruhiger Umgebung, kann sein Wunsch oder sein letztes Wort eher gehört werden als von jemandem, der im Krankenhaus liegt, sein Zimmer teilen muß und oft ohne Anwesenheit seiner Familie Abschied nimmt. Ich habe erlebt, daß in einem solchen Fall der Arzt oder die Krankenschwester die letzte – oft dringliche – Botschaft eines Sterbenden aufgeschrieben und sie den Angehörigen überreicht hat.

Eines Tages sagte mir mein Spiritual Pater Valentin im Priesterseminar in Brixen, daß er an einer akuten myeloischen Leukämie erkrankt sei. Die Chemotherapie brachte keinen Erfolg mehr. Als ich Pater Valentin im Krankenhaus besuchte, nahmen wir Abschied voneinander. Ich bat ihn, mir ein Wort mit auf meinen Lebensweg zu geben. Er sagte mit leiser Stimme: „Laß bei allem, was du den Menschen in Predigten und durch persönliche Worte weitergibst, die Theorie beiseite und sprich nur über das, was du selbst erfahren hast."

Dieses, sein letztes Wort an mich, ist mir heilig, und ich versuche, wenn es eben möglich ist, mich an dieses Wort von Pater Valentin zu halten. Jemanden etwas zu lehren, was wir vorher selbst getan haben, hilft uns, glaubwürdig zu sein und anderen wahre Hoffnung zu geben.

Masslose Hoffnung – der strahlende Morgenstern

Ich bete darum, daß im Leben der mir anvertrauten Menschen und auch in meinem Leben die Verheißung erfahrbar wird: „Ich will euch den Morgenstern geben" (Offenbarung 2,28). In der Nacht der Chaosmächte, inmitten der Dunkelheit des eigenen Lebens, in Hoffnungslosigkeit, Schmerz und Leid ist der

Morgenstern ein Zeichen der Orientierung und der Hoffnung. Es wird endlich Tag. Das Licht wird kommen. „Ich, Jesus, bin der strahlende Morgenstern" (Offenbarung 22,16).

Aber wie gewinnen wir Augen dafür, inmitten des Unscheinbaren sein Licht wahrzunehmen und in uns aufzunehmen? Orientieren wir uns nicht zu häufig an den Positionslichtern, die am Bug unseres eigenen Schiffes befestigt sind? Die Frage ist, wie man im Raum des Menschlichen überhaupt dieses strahlende Licht wahrnehmen und ins Herz einlassen kann – nicht, indem wir etwas Glänzendes tun und Ansehen gewinnen.

In jeder Liebe, in jedem Du, erscheint das innere Licht. Vielleicht wird nichts anderes von uns verlangt, als ein Gesicht leuchten zu machen, bis es durchsichtig wird und der Abglanz des Göttlichen in ihm aufleuchtet.

FINDE DICH UND STEHE ZU DIR!

MITTE FINDEN

Jedes Leben ist eingebettet zwischen Polen, die sich gegenseitig anziehen oder abstoßen, die sich mit der Zeit und während der Lebenszeit verändern, sich aber erst mit dem Tod mehr oder weniger auflösen. Zu diesen Polen gehören Mann und Frau, Geborenwerden und Sterben, Freude und Trauer, Spannung und Entspannung, Gebundensein und Freiheit, Kontemplation und Aktion, Jugend und Alter, Sommer und Winter, Tradition und Fortschritt, Gebet und Arbeit, Sichtbares und Unsichtbares, Himmel und Erde, Ruhe und Aktivität und vieles mehr. Um ein gestörtes Gleichgewicht wieder herzustellen, müssen extreme Verhaltensweisen abgebaut werden, so daß die Seele sich zeitweise in die ihr eigene Ruhe versenken kann, um dort dem Schöpfer zu begegnen und von ihm neue Lebenskraft zu empfangen.

Die Kunst des Lebens besteht darin, die Spannung zwischen zwei Polen auszuhalten, sich von keinem der beiden gänzlich absorbieren zu lassen, sondern eine ausgewogene Mitte zu finden, um gesund zu bleiben und um den Mitmenschen, der eigenen Wandlung und der Wandlung in der Schöpfung wie auch dem Schöpfer selbst gerecht zu werden.

IN EIGENER MITTE RUHEN

Achte darauf, daß du dich nicht täglich von neuem verausgabst. Es gibt viele Menschen, die sich sowohl in ihrem privaten Leben als auch beruflich auf einer Gratwanderung befinden. Kommt etwas zusätzlich Belastendes auf sie zu, stürzen sie ab. Schau dir die Gesichter mancher Menschen an und du siehst, daß sie kurz vor dem Absturz stehen. Wenn wir es eben vermögen, sollten wir Grenzsituationen meiden, aus unserer eigenen Mitte leben, den christlichen Glauben praktizieren und die Güter unserer Kultur pflegen.

Um dies zu erreichen und zu stabilisieren, ist es ratsam, mindestens einmal am Tag eine Ruhepause von etwa einer halben Stunde einzulegen, in der du dich im Gebet der Hingabe an Gott, den Schöpfer wendest und ihn bittest, daß sein Wille an dir geschehe. Denke auch an deinen Körper, der täglich eine gewisse Bewegung braucht. Im Ausgehen hast du die Chance, auch aus dir selbst herauszugehen, um erholt wieder zu dir und nach Hause zu kommen. Pflege auch die kulturellen Güter, indem du täglich ein wenig geistliche Literatur liest, dich für Kunstwerke interessierst, ab und zu klassische Musik hörst und bei Gelegenheit ein schönes Gemälde betrachtest.

Aus der eigenen Mitte leben

Lebst du aus deiner eigenen Mitte, werden deine Vorhaben weitaus besser gelingen, als wenn du unter den Eindrücken, die ständig neu auf dich zukommen, deine Entscheidungen triffst. Alles was aus deiner inneren Ruhe wohlüberlegt hervorgeht, ist wesentlich und gibt Sinn. Extreme durchleben und erleiden zu müssen, bleibt dir erspart.

Deine Freude ist eine Freude ohne Euphorie; du bist heiter, ohne ausgelassen zu sein; dein Mitleid führt dich nicht dazu, dich mit dem Schicksal des Leidenden zu solidarisieren; du sprichst, ohne dich in deinen Worten zu verlieren; dein Schweigen ist aussagestärker und beredter als Worte; du beweist Mut, ohne übermütig zu sein; du engagierst dich für eine gute Sache, ohne dabei fanatisch zu werden; du lebst deine wahre Religiosität mehr nach innen als nach außen gerichtet; es gelingt dir in allem, leichter zu leben, ohne dabei leichtsinnig zu sein.

Aus dem ruhigen Pol deiner Mitte zu leben wird dir jedoch nur gelingen, wenn du durch Hingabe an den Schöpfer in der Zeit deines Betens dein eigenes Ich aufgibst, um die Quelle und die Mitte allen Seins zu berühren. Es strömen dir gotterfüllte Kräfte zu, die deinem Leben einen tieferen

Sinn geben, dich vor Gefahren schützen und deinen Glauben bereichern.

Lebensfundament stärken

Vom Feind der menschlichen Natur eingegebene Gedanken kannst du daran erkennen, daß sie dich ganz einnehmen und besetzen wollen und dich mit aller Gewalt auf einen Weg bringen, der ins Dunkel führt und dich von Gott entfernt. Hast du bereits lichtvolle Erfahrungen auf dem Weg zu Gott gemacht, indem du dich freier, glücklicher, gefestigter und in seiner Liebe geborgen fühlst oder fühltest, wird dir ein Von-Gott-weg-Geführtwerden schmerzlich bewußt, und du kannst dieser Bewegung Einhalt gebieten. Bist du jedoch noch nicht mit eindeutigen und intensiven Gotteserfahrungen gesegnet, kann es dem Bösen weitaus besser gelingen, dich zu verwirren und Zweifel in deine Seele einzupflanzen. Hieraus entstehen dunkle Gedanken und von Angst besetzte Gefühle, die dich einengen und ständig nach unten ziehen. Du übersiehst das Gute, das sowohl Menschen als auch die Natur dir entgegenbringen – es gleitet förmlich an dir ab –, und die dunkle und erschreckende Seite des Lebens bemächtigt sich deiner. In dieser seelischen Not, die sehr schnell zu körperlichen Erkrankungen führt, befinden sich viele Menschen. Sichere Diagnosen zu stellen und heilsame Therapien zu empfehlen, fällt den Ärzten oft schwer, da sie die komplexen Zusammenhänge zwischen Körper, Geist und Seele nicht gleich einsehen können.

Befindest du dich augenblicklich in einer Situation, in der du das Gefühl hast, von Gott und seiner Liebe zu dir weggezogen zu werden, erlebst du, daß nichts und rein gar nichts dir mehr Freude macht, und alles um dich herum scheint dunkel und belastend für dich zu werden? Dann solltest du nicht nur einen Arzt, sondern gleichzeitig auch einen Seelsorger aufsuchen, der Zeit für dich hat und, wenn du danach verlangst, dir die Sakramente spendet. Durch die Gnade Gottes, durch Gespräche und durch eigene Einsicht wird ein Fundament bereitet, auf dem du dein Leben neu und lichtvoll aufbauen kannst. Medizinische Heilmethoden und Anwendungen können jetzt weitaus besser bei dir anschlagen und dein Leben wieder ins Licht rücken, weil du eine gesunde seelische Grundlage besitzt, die durch deine Hinwendung zum Schöpfer ständig erneuert und gekräftigt wird. Möge vielen Menschen bewußt werden, wie heilsnotwendig ein von der Liebe Gottes durchflutetes Lebensfundament ist.

SICH BEHAUPTEN

Gehörst du zu den Menschen, die sich als gering und niedrigstehend einstufen? Versuchst du infolge deines mangelnden Selbstbewußtseins, dich überall anzupassen und überfreundlich zu sein? Vielleicht merkst du nicht, wie sich eine schmeichlerische Unterwürfigkeit deiner bemächtigt, und wie du unfähig wirst zu echter Freundschaft und Liebe. Könnte es sein, daß andere dir dadurch auch eine äußerlich aufrechte Haltung absprechen?

Sollte dies so sein, bedarfst du – um dein Selbstbewußtsein zu stärken und eine größere Standfestigkeit zu erhalten, die in Gott gegründet ist – besonderer Aufmerksamkeit und einer geistlichen Begleitung. Du solltest durch Übungen der Leib- und Seelsorge erfahren, welch gute Eigenschaften du hast, und dir die eigenen Qualitäten bewußt machen. Es werden Gebets- und Meditationsweisen aufgezeigt, die neben dem Sakrament der Versöhnung und ausgiebigen Gesprächen Lebensenergien freisetzen, die als erstes dorthin fließen, wo sich im Menschen das größte Vakuum befindet. Die Aufgabe des geistlichen Begleiters besteht weiter darin, einen Menschen, der sich selbst geringschätzt oder gar mißachtet, liebevoll an die Hand zu nehmen und ihn erfahren zu lassen, daß Gott ihn nicht vergessen hat, sondern ihn bei seinem Namen ruft und etwas ganz Liebevolles mit ihm vorhat.

Wenn ihm somit ein neues Urvertrauen zugänglich wird, indem er sich für Gott entschieden hat und bereit ist, sich immer neu dem Schöpfer dankend und betend zu öffnen, wird er seine einmalige Aufgabe erkennen, die ihm von Gott in dieser Welt zugewiesen ist. Ohne stolz zu sein oder zu werden, wird er unbeirrt seinen eigenen Lebensweg konsequent gehen und sich dabei behaupten.

LEIDERFAHRUNG VEREDELT

Es wird wohl kaum einen Menschen in dieser Welt geben, der ganz ohne Leid seinem eigentlichen, vom Schöpfer eingestifteten Ziel näherkommt. Du magst dich noch so anstrengen: Dir zugedachtes Leid kannst du nicht umgehen oder gar ausschließen. Beuge dich daher dem Unvermeidlichen und nimm es bejahend an. Um so schneller wird für dich wieder eine Zeit der Unbeschwertheit und der Freude folgen.

Schau dich um und du siehst, daß alles, was veredelt und kostbarer werden soll, sich einem Prozeß der Veränderung und manchmal auch des Schmerzes unterziehen muß. Eisen wird erst biegsam und geschmeidig, wenn es dem Feuer unterzogen wird. Gold und Silber werden im Feuer gereinigt und geläutert. Soll aus einem Stein eine Skulptur werden, muß er mit Hammer und Meißel bearbeitet werden. Holz wird vom Zimmermann behauen, bis es zu einem tragenden Balken für ein Haus werden kann. Rosen und Obstbäumen werden die wilden Triebe abgeschnitten, damit der Wuchs geradlinig wird und der Baum reichlicher Früchte trägt. Die Veredlung von Stoffen geschieht durch Bleichen und Färben.

Auf ähnliche Weise werden auch die Persönlichkeit eines Menschen und seine Seele Reinigungs- und Veredlungsprozessen unterzogen, damit der Mensch seine ursprüngliche Würde wiedererlangt und fähig wird, die Gnade und die Liebe Gottes unbeschränkt in sich aufzunehmen.

SELBSTBEWUSSTSEIN STÄRKEN

Wenn du dir vor Augen führst, worin deine Aufgabe in dieser Welt besteht, und daß du notwendig gebraucht wirst, solltest du niemals mehr an dir und deinem Können zweifeln. Dir steht die Aufgabe zu, deinen Fähigkeiten entsprechend die irdische Welt mit der himmlischen Welt zu verbinden. Durch menschliches Fehlverhalten wurde die göttliche Schöpfungsordnung nicht nur gestört, sondern sie erfuhr auch einen Bruch, unter dem wir mehr oder weniger täglich alle leiden.

Du bist dazu berufen, den Himmel wieder mit der Erde zu verbinden, damit die Liebe, die Gnade und der Wille Gottes in dieser Welt durch dich wirksam werden. Nur durch dich und jeden, der diese Erkenntnis hat, kann es gelingen, dauerhaften Frieden in dieser Welt aufzubauen sowie das Unrecht und das entsetzliche Leid abzubauen. Wende dich an einen Gott nahen Menschen und vornehmlich im Gebet an Christus – und du wirst nicht nur mit deinem Auftrag vertraut, sondern erfährst, wie du ihn auch praktisch und geistig erfüllen kannst.

AKTIVITÄT BRAUCHT RUHE

Das in Gott ruhende ewige Leben ist dem Menschen mit auf seinen irdischen Weg gegeben. Viele wissen jedoch nicht einmal darum, weil sie im Auf und Ab des Alltags und oft auch nachts keine wirkliche Ruhe finden, in der die göttliche Gnade sie erreichen kann und erfahrbar wird. Durch Leistungsdenken und das damit verbundene ständige Angespanntsein kann sich die religiöse Dimension im Menschen nicht entfalten. Das verborgene ewige Leben wird durch den überlauten und vorherrschenden Aktivismus vollständig überschattet, und damit wird dem göttlichen Liebesangebot eine Absage erteilt.

Den siebten Tag heiligte Gott, und er ruhte von seinen Werken aus. Er legte den Menschen nahe, dies ebenso zu tun. Die gesamte Schöpfung ist auf dem Prinzip der Ruhe und der Aktivität aufgebaut. Wenn der Mensch sich diesem von Gott eingestifteten ausgleichenden Rhythmus entzieht, wird er krank. Sowohl die anhaltende Erfahrung einer Ruhe ohne Aktivität als auch die Erfahrung ständiger Leistung ohne wirkliche tiefgreifende Erfahrung der Ruhe führt zur Einseitigkeit und läßt kein geistig-seelisches Wachstum zu.

Ein gesunder Wechsel zwischen Ruhe und Aktivität führt zur inneren Ausgeglichenheit und zur eigenen Mitte, in der der Mensch ruhen und aus der heraus er handeln sollte. Ganz allmählich wird er zu einem Empfangenden der göttlichen Gnade, die ihn erfüllt, bis er davon überfließt und an andere weiterschenkt. Er verwurzelt sich mehr und mehr in Gott und wird fähig, inmitten allem Veränderlichen unveränderliches ewiges Leben zu empfangen und zu leben.

Unzufriedenheit mit sich selbst

Es gibt Menschen, die behaupten, daß das bitterste aller Leiden die Unzufriedenheit mit sich selbst ist. Wodurch entsteht Unzufriedenheit mit sich selbst? Wir schauen auf andere und beneiden ihre Art zu leben, ihre Fähigkeiten und Begabungen, vielleicht auch ihr Aussehen, anstatt unsere eigenen guten Eigenschaften und Stärken zu entwickeln. Zu wissen, daß wir vor Gott einmalig sind und von ihm einen Auftrag haben, den es zu entdecken und zu erfüllen gilt, dürfte unser Selbstbewußtsein stärken und uns, wenn es uns nicht bewußt ist, nach diesem Auftrag suchen lassen.

Es gibt psychologisch geschulte und gleichzeitig religiöse Menschen, die sich Zeit nehmen und uns bei dieser Suche helfen. Ebenso wichtig oder gar wichtiger noch ist es, den Segen Gottes für all unser Tun zu erbitten. Durch, mit und in ihm wird es uns leicht, unser wahres Wesen zu ergründen, keine Unzufriedenheit aufkommen zu lassen, sondern unsere noch verborgenen Fähigkeiten ans Licht zu bringen. Ein ausgewogenes Leben zwischen tiefer Ruhe im Gebet und der Erfüllung unserer Aufgaben wird uns nicht mehr in Versuchung bringen, an uns selbst zu zweifeln oder unzufrieden zu sein.

Dunkelheit überwinden

Wenn du nur auf die schlechten Eigenschaften eines anderen Menschen schaust, ist damit weder dir noch ihm geholfen. Du erschwerst womöglich noch die Last, die der andere zu tragen hat, indem du darüber redest. Halte inne und bedenke: Wenn du das Ungute eines anderen in den Blick nimmst, belastest du ihn damit um so mehr; und nicht zu vergessen – auch dich selbst. Das Dunkle hat die Absicht, sich schnell zu verbreiten und Lichtvolles zu ersticken. Möchtest du Anteil daran haben, daß es noch breiteren Raum in der Welt und in dir einnimmt?

Du wirst die Frage stellen: Was kann ich tun, damit die widergöttliche Macht nicht noch größeren Einfluß gewinnt? Die Antwort ist einfach, doch sie zu verwirklichen, fällt vielen Menschen schwer. Du kannst die Dunkelheit nur besiegen durch das Licht, das letztlich Christus selbst ist, der Sieger über den Tod. Laß dich also nicht auf die Dunkelheit ein, sondern wende dich in allem dem Licht zu, und du darfst sicher sein, daß die Dunkelheit von selbst schwindet.

Hast du zum Beispiel Geld verloren, so bringt es dir nur Ärger und Verdruß, wenn du an dieses Geld denkst. Nimm das dir verbleibende Geld in dein Bewußtsein und überlege, wie du es heilbringend verwenden kannst. Dies wird zu einem großen Gewinn für dich und andere führen und weitaus mehr als nur Freude auslösen.

RÜCKSCHRITT UND FORTSCHRITT –
WORAN SIND SIE ZU ERKENNEN?

Woran erkennst du, daß du auf deinem Glaubensweg Fortschritte machst? Viele reden und schreiben über Fortschritte auf dem geistlichen Weg, doch erklären sie selten, wie sie sich äußern. Es sind zunächst subtile Erfolge, die sich bei dir einstellen und eher von Außenstehenden wahrgenommen werden als von dir selbst. Du erfährst täglich widergöttliche Kräfte, die versuchen, dich zu beunruhigen, Angst in dir zu erzeugen, dir alle möglichen Hindernisse in den Weg zu legen und dich gar mißmutig und traurig zu stimmen.

Wenn diese Kräfte jedoch abnehmen und sich Lebensfreude, Angstfreiheit und Mut breitmachen, darfst du sicher sein, daß du dich auf dem Weg des Heils befindest und Fortschritte machst. Diese Wandlung bedarf der Zeit, der Zuwendung Gottes, deiner Bejahung und Unterstützung. Du erfährst in allem, was du tust und was auf dich zukommt, eine immer tiefer werdende Ruhe, eine Ruhe, die der Schöpfer am siebten geheiligten Tag seiner Schöpfung zugrunde gelegt hat. Licht und Liebe strömen dir aus dieser göttlichen Quelle zu, damit du die dunklen und lieblosen Kräfte überwindest und sowohl Lichtvolles als auch Liebevolles an andere Menschen weitergibst. Wenn andere dich auf diese Veränderung aufmerksam machen, so ist dies ein gutes Zeichen dafür, daß du dein Ich nicht zum alleinigen Mittelpunkt deines Leben gemacht hast, sondern den schöpferischen und göttlichen Kräften in dir Raum gibst.

Demut führt zum Ziel

Für menschliche Wahrnehmung und menschliches Denken ist das Erhabenste und Göttliche nicht mehr faßbar, denn wir bewegen uns und bleiben stets innerhalb der vom Schöpfer ins Leben gerufenen Schöpfung. Daher können selbst unsere sensibelsten Wahrnehmungen und unser weitestes Denken lediglich Ausgangspunkt sein, denn der Endpunkt und damit auch unser Ziel liegen jenseits der Schöpfung.

Die Erfahrung, daß wir immer wieder an Grenzen stoßen, die vorerst für keinen von uns durchlässig sind, muß uns lehren und begreifen lassen: Nur bis zu einem gewissen Grad können wir unser Leben selbst in die Hand nehmen, denn immer neu stehen wir fragend und staunend vor dem für uns Unbegreiflichen. Gott offenbart sich uns auf ganz verschiedene Weise, und darin liegt das Geheimnis seiner Vorsehung. Je offener und hingebungsvoller wir für ihn sind und werden, desto mehr dürfen wir Einblick nehmen in Lebenszusammenhänge, das heißt, in Vergangenes, das die Gegenwart mitbestimmt, und in Gegenwärtiges, das bereits Zukünftiges in sich trägt. Durch Demut, durch Erkennen und Anerkennen der uns auferlegten Grenzen, werden wir – nicht durch eigene Leistung, sondern durch Gnade – einen Weg geführt, dessen Ziel jenseits alles Geschaffenen in Gott selbst liegt.

Es wird einem Menschen, der in seiner geistigen Entwicklung sehr einfach und eher einfältig, aber frei von fehlgeleiteten Ansichten ist, weitaus besser ergehen als jemandem, der intelligenter, gewandter und scharfsinniger ist, aber weder Kontakt zum Grund des Friedens hat noch im Einklang mit den Gesetzen der Schöpfung und der Liebe des Schöpfers steht: „Besser ein Gericht Gemüse, wo Liebe herrscht, als ein gemästeter Ochse und Haß dabei" (Sprichwörter 15,17).

GABE WIRD ZUR AUFGABE

Es gibt Menschen, die Erfahrungen geistiger Höhe – gemeint sind tiefe Glaubenswahrheiten – festhalten und gewaltsam in ihnen bleiben wollen. Sie erzählen allen davon und veröffentlichen sogar noch ihre Erlebnisse. Sie lassen sich feiern und zu Gesprächen und Vorträgen einladen. Doch allzu schnell verblassen sowohl bei ihnen als auch bei anderen diese vorgetragenen Glaubenserfahrungen wieder.

Wer dagegen immer wiederkehrende Erfahrungen mit der göttlichen Wirklichkeit macht, schweigt darüber so lange es geht, weil er ein ihm sich offenbarendes Geheimnis nicht preisgeben möchte. Er weiß, daß er diese geistige Höhe wieder verlassen muß und ihn sein Weg in sehr ungeistige Niederungen des Lebens führen wird. Die empfangene Gnadengabe hilft ihm jedoch nicht nur, das Leben in diesen Niederungen zu bestehen, sondern die Gabe wird ihm zur Aufgabe, das Leben von Gott abgewandter Menschen wieder auf Gott auszurichten und fruchtbar zu machen.

ZUR FREIHEIT BEFREIT

Unser Leben soll letztendlich ein Leben sein, das nicht dem Zwang unterworfen ist – weder innerlich noch äußerlich. Im Rahmen unserer individuellen Möglichkeiten haben wir selbst Entscheidungen in voller Willensfreiheit zu treffen. So ist es auch selbstverständlich, daß die daraus entstehenden

Konsequenzen von jedem einzelnen getragen werden müssen, ohne daß er andere dafür verantwortlich machen kann.

In Gesprächen erlebe ich es häufig, daß Menschen ihre Eltern oder einen Elternteil verantwortlich machen für ihr, wie sie meinen, mißlungenes Leben. Manchmal ergehen sie sich in stundenlangen Diskussionen sowohl mit dem Therapeuten als auch mit ihren Eltern. Sie sprechen von Verletzungen in ihrem dritten und vierten Lebensjahr und klagen an. An den Aufarbeitungen knacken sie oft jahrelang und kommen dabei zu keinen Lösungen und ihnen gemäßen neuen Entscheidungen, die längst hätten getroffen werden müssen.

Häufig habe ich den Eindruck, daß gute Ansätze in der Gesprächstherapie falsch verstanden und überzogen werden, um eigene Schwächen damit zu entschuldigen und um sich vor Verantwortung und Herausforderungen zu drücken. Bei aller notwendigen Rück-Sicht darf unter keinen Umständen die Ausrichtung nach vorn und die freie Willensentscheidung Schaden nehmen. Auf dem Weg nach Jerusalem wird Jesus mehrmals von Menschen angesprochen, die ihm nachfolgen wollen; doch alle stellen Bedingungen, die sie erst erfüllt haben möchten, und verzögern somit eine spontane Entscheidung. Jesus erwidert: „Keiner, der die Hand an den Pflug gelegt hat und nochmals zurückblickt, taugt für das Reich Gottes" (Lukas 9,61). Unzählig viele Menschen sind in der Geschichte der Kirche Jesus nachgefolgt, ohne als erstes an sich und ihre Verwundungen zu denken. Durch ihren Glauben und durch das Geheimnis des Glaubens wurden sie geheilt und gestärkt für neue hervorragende Aufgaben, die sie dann aus freier Willensentscheidung selbst gewählt haben.

DU BIST WICHTIG

Der Mensch ist das entscheidende, sinngebende Element des Kosmos. Da sich aber der Kosmos in andauernder zielgerichteter Bewegung befindet, nimmt auch der Mensch an dieser Bewegung teil. Er steht nicht für sich allein, sondern ist mit allen und allem verbunden. Daher hat alles, was wir tun, aber noch mehr, was wir denken, eine Auswirkung, die wir nur erahnen können. An diese gewaltigen Dimensionen und an die Auswirkungen, die unser Tun und Denken hat, sollten wir uns des öfteren erinnern – besonders, wenn es um kleine, nichtssagende Dinge und um die Vorherrschaft unseres Ego geht.

Wir sind als Glieder eines gewaltigen Organismus miteinander verbunden, denn das Weltganze, der Kosmos, ist gleichsam als großes Lebewesen anzusehen, das wie in einer einzigen Seele von Gottes Kraft und Planung gesteuert wird.

SORGE TRAGEN

Wieviel Zeit verstrich, in der wir für andere etwas hätten tun können und sollen? Wie viele Möglichkeiten der Liebe und Versöhnung haben wir ungenutzt gelassen? Steht es uns da überhaupt zu, uns über einen Mitmenschen zu erheben oder gar etwas von ihm einfordern zu wollen? Ganz im Gegenteil: Wir schulden jedem anderen das, was wir uns auch von Gott und anderen Menschen erhoffen: eine aus dem tiefen Inneren kommende Liebe in reiner Gesinnung.

Aus wahrer Nächstenliebe kann nur der für den anderen Sorge tragen, der einen geistig-geistlichen Weg geht, in seiner eigenen Mitte gefestigt ist und in allem seine eigene Identität wahrt. Es liegt an uns, ob wir am Ende unserer Zeit mit Gott, den Mitmenschen und uns selbst ins reine gekommen sind, oder ob wir belastet und geknickt, isoliert und vereinsamt dastehen. Ich bin sicher, daß uns auch dann noch eine Zeit gewährt wird, in der wir die Chance haben, zunächst einmal anderen das zu geben, was wir uns selbst durch Vergebung erhoffen.

FREI WERDEN

Kennst du das Angekettetsein und das Gefangensein in dir selbst, das dich unfrei macht und dir den Weg in die Freiheit und damit zu Gott versperrt? Es ist eine Tragik und kommt einem Gespaltensein gleich, wenn wir nicht in uns selbst ruhen und nicht in der Lage sind, ein Leben zu leben, wie es uns entspricht. Die Lösung des in sich selbst Gefangenseins, des Freiwerdens von allen bindenden Elementen erfolgt nicht von außen, sondern einzig und allein von innen. Wesentliches, das verschattet und verdunkelt ist, muß langsam ans Licht kommen. Bisher war es nicht möglich, die vom Schöpfer eingeprägte Freiheit der Seele wahrzunehmen, das heißt, etwas vom Wahren nehmen, das letztlich das Wesen Gottes ausmacht. Erst das belichtende Licht, das durch göttliche Gnade, Selbsterkenntnis und durch die Hilfe anderer Menschen uns zuteil wird, läßt uns mehr und mehr erkennen, wer wir wirklich sind, und daß die Freiheit in uns präsent ist und leben möchte.

Ungelebtes Leben bricht in uns auf, eine ungeahnte Energie und Kraft. Und langsam nehmen wir mit dem Herzen wahr, daß Gott in uns anwesend ist und durch uns in der Welt leben möchte. Alles Angstmachende und Einengende fällt in sich zusammen und hat keine Macht mehr über uns, so daß das uns von Gott zugedachte Wesen durchscheinen kann und wir unsere Bestimmung leben können. Alle, die diese oder ähnliche Erfahrungen gemacht haben, wissen, daß keiner mehr von außen die Macht hat, in das eigene Leben „hinein zu regieren", und daß nur die eine Weisung, die von innen kommt, die Sprache des Herzens, zuverlässig ist und Gewißheit gibt.

HEILUNG UND HEILIGUNG
DURCH DEN SIEBTEN SCHÖPFUNGSTAG

Das Gleichgewicht zwischen Ruhe und Aktivität sollte immer neu wieder hergestellt werden, denn alle Lebensprozesse können nur durch einen ausgewogenen Rhythmus wachsen. Bei den meisten Menschen, vornehmlich bei denen, die im Berufsleben stehen, kommt die Ruhe zu kurz. Oft sind sie sogar an Wochenenden durch Arbeit, Sport, Vereinstätigkeiten und zugesagte Verpflichtungen noch stärker engagiert als innerhalb der Woche. Eine derartige Einseitigkeit zieht auf die Dauer schlimme Folgen nach sich, die sogar etwas mit Versklavung zu tun haben. Körper, Geist und Seele lehnen sich dagegen auf, und der Mensch wird krank.

Um gesund zu bleiben oder zu werden, hat der Schöpfer seiner Schöpfung eine geheiligte Ruhe zugrunde gelegt. Ja, er sagt es dem Menschen ausdrücklich, daß ein Siebtel unserer Zeit in und mit dieser göttlichen Ruhe verbracht werden muß, um nicht versklavt zu werden.

„Achte auf den Sabbat: Halte ihn heilig, wie es dir der Herr, dein Gott, zur Pflicht gemacht hat. Sechs Tage darfst du schaffen und jede Arbeit tun. Der siebte Tag ist ein Ruhetag, dem Herrn, deinem Gott, geweiht. An ihm darfst du keine Arbeit tun ... Denk daran: Als du in Ägypten Sklave warst, hat dich der Herr, dein Gott, mit starker Hand und hoch erhobenem Arm dort herausgeführt. Darum hat es dir der Herr, dein Gott, zur Pflicht gemacht, den Sabbat zu halten" (Deuteronomium 5,12–15).

WIDERSTEHE VERSUCHUNGEN!

LICHT BESIEGT DIE DUNKELHEIT

Solange wir als Menschen in dieser Welt leben, sind und bleiben wir unvollkommen – der eine mehr, der andere weniger. Jeder Mensch bringt bestimmte Fähigkeiten und Stärken mit; auf der anderen Seite sind es aber auch Schwächen und Unzulänglichkeiten, die sein Leben mitbestimmen. Das menschliche Leben, das im tiefsten die Sehnsucht hat, dem Schöpfer näherzukommen, um einmal mit ihm vereint zu werden, ist von Feinden umgeben, die unsere Schwächen weitaus besser kennen als wir selbst. Jeder Angreifer erkundet zuerst die schwächste Stelle der Festung, die er von hier aus am leichtesten stürmen und einnehmen kann. Genauso greift uns der böse Feind von unserem schwächsten Punkt aus an und hegt bereits die Gewißheit, unsere Seele mit dunklen Kräften zu besetzen. Was können wir tun, damit dies nicht geschieht?

Zum einen können wir durch verschiedene Anwege uns unsere Schwächen bewußt machen und versuchen, sie abzubauen, sie zu neutralisieren oder sie gar in ihr Gegenteil zu verwandeln. Ohne die Unterstützung göttlicher Gnade ist dieses eher psychologische Vorgehen äußerst mühsam. Ein zusätzlicher Weg, der eigentlich an der ersten Stelle stehen sollte, ist die Hinwendung zum Schöpfer, verbunden mit der Bitte um sein Erbarmen. Zur rechten Zeit wird er sich uns zuwenden und uns seine heilende und stärkende Gnade schenken. Dieser Strom göttlicher Liebesenergie wird zuerst dorthin fließen, wo wir sie am nötigsten brauchen: Und das sind die Bereiche, in denen wir die größten Schwachstellen haben.

Gottes Gnade, seine Liebe und sein Licht strömen also zunächst in die Bereiche unseres Lebens, die am schwächsten sind, und durch die der Böse bisher den leichtesten Zugang zu uns hatte. Die göttliche Stärke und das göttliche Licht

wenden sich als erstes unserer Schwachheit zu, erfüllen uns
mit Kraft und erleuchten unser Inneres, so daß die widergöttlichen und dunklen Mächte keinen Einlaß mehr bei uns finden.

ABSAGE AN DAS BÖSE

Wie kannst du dich am besten verhalten, wenn du durch
deine Gedanken oder Vorstellungen, durch andere Menschen
oder durch bestimmte Lebensumstände in eine versucherische Situation gerätst?

Am Beginn seines öffentlichen Wirkens zog Jesus sich
vierzig Tage und Nächte zurück in die Wüste, um zu fasten
und zu beten. Als am Ende der Versucher an ihn herantrat,
ließ Jesus sich auf kein Gespräch mit ihm ein, sondern er-
teilte ihm dreimal eine Absage. Diese bestand nicht nur aus
einem einfachen Nein, sondern beinhaltete jeweils ein Wort
aus der Heiligen Schrift. Jesus antwortete, als er aufgefordert
wurde, aus Steinen Brot zu machen: „Der Mensch lebt nicht
nur von Brot, sondern von jedem Wort, das aus Gottes Mund
kommt." Die zweite Versuchung besteht darin, daß Jesus mit
einem Sturz vom Tempel beweisen soll, daß er Gottes Sohn
ist. Er gibt zur Antwort: „Du sollst den Herrn, deinen Gott,
nicht auf die Probe stellen." Alle Reiche der Welt will der Widersacher dem Herrn geben, wenn dieser niederfallen und
ihn anbeten würde. Jesus sagt: „Weg mit dir, Satan! Vor dem
Herrn, deinem Gott, sollst du dich niederwerfen und ihm allein dienen." Die widergöttlichen Kräfte lassen von ihm un-
verzüglich ab, und himmlische Kräfte unterstützen ihn (vgl.
Matthäus 4,1–11).

Klarer und eindeutiger kann dir der Herr nicht zeigen, wie
du dich in einer versucherischen Situation verhalten kannst,
um sie zu überwinden oder gar aufzulösen. Als erstes ist
wichtig, weder gefühlsmäßig noch intellektuell sich auf die
Ebene des Widersachers oder der von ihm ausgebreiteten Atmosphäre zu begeben. Wenn dir ein passendes Wort aus der
Heiligen Schrift einfällt, so sprich es laut aus, um den versucherischen Kräften damit eine Absage zu erteilen. Aber auch

ein kurzes Stoßgebet oder nur die Anrufung Jesu Christi helfen dir umgehend, dich sowohl innerlich als auch äußerlich zu distanzieren. Da die Versuchung oft sehr hartnäckig ist, wiederhole das heilige Wort oder den heiligen Namen mehrmals. Wenn es die äußeren Umstände nicht erlauben, so vollziehe diese radikale Absage innerlich. Laß dich durch nichts irritieren oder ablenken, sondern bleibe im Gebet und damit in der Ausrichtung auf Gott. Bist du in dieser von Jesus Christus selbst überlieferten Absage an das Böse ein wenig geübt, wird dich so leicht niemand mehr zu Fall bringen. Doch bedenke: Unser gesamtes Leben auf Erden ist eine Zeit der Versuchung und damit auch der möglichen Bewährung.

Ungute sexuelle Vorstellungen

Hast du die Erfahrung gemacht, mehrmals im sexuellen Bereich entgleist zu sein, so benutzt der listige Widersacher deine Erinnerung daran und er führt dir Bilder sinnlicher Lust vor Augen, die mit deiner Vergangenheit zu tun haben. Er möchte dich von deinen guten Vorsätzen abbringen und dich erneut in sündhaftes Tun stürzen. Wenn diese Erinnerungsbilder kommen, hast du zunächst den Eindruck, sie würden aus deinem Gewissen kommen, damit du sie noch einmal bereust. Dem ist aber nicht so, denn schnell merkst du, wie du lustvoll in all das Treiben der eingegebenen Erinnerungen einbezogen wirst. Du wunderst dich über dich selbst, daß diese Kräfte und Vorstellungen eine solche Macht über dich haben, daß sie heute noch imstande sind, dich völlig einzunehmen und zu besetzen.

Diese gefährlichen Situationen schleichen sich meistens ein, wenn du aus diesem oder jenem Grund nicht einschlafen kannst oder erschöpft und kraftlos bist, eine Enttäuschung hinnehmen mußtest oder dich allein und ausgegrenzt fühlst. Was ist zu tun, um nicht – selbst in Gedanken und Vorstellungen – die gleichen Fehler zu machen, die längst hinter uns liegen?

Wir sollten um diese Zusammenhänge wissen, daß uns Hindernisse in den Weg gelegt werden, die mit unguten Entscheidungen unserer Vergangenheit zu tun haben. Vergangenes wird uns lustvoll vor Augen geführt, damit wir erneut entgleisen.

Da sich dieses verlockende Spiel oftmals wiederholt, solltest du es durchschauen und möglichst sofort den widergöttlichen Kräften das Handwerk legen. Erteile ihnen eine Absage, indem du Jesus Christus anrufst, um sein Erbarmen und um seine Gegenwart bittest und seinen Namen oftmals als Gebet wiederholst. Besiege die Dunkelheit mit dem Licht, das heißt, wende dich sogleich an Christus, denn in seinem Namen ist Heil.

Vielleicht erscheint dir auf den ersten Blick dieser Rat wenig trostreich, da er dir als zu einfach vorkommt. Denke nicht weiter darüber nach, sondern wende diesen Rat zur gegebenen Zeit an, und du wirst sehen, wie schnell alles in dir wieder licht wird, wenn du dich an Jesus Christus wendest.

Gegen das Vergessen

Was sind die Gründe dafür, daß wir immer wieder Zeiten vermeintlicher Gottesferne und eine damit verbundene Trostlosigkeit durchmachen und durchleiden müssen? Der Herr möchte nicht, daß wir die Gnade und die Liebe, die wir von ihm empfangen, unserer eigenen Leistung zuschreiben. Zu leicht bläht sich unser kleines Ego auf und nimmt alles für sich in Anspruch, anstatt Gott, dem Geber alles Guten, Raum in sich zu gewähren.

Die vergänglichen Dinge mit ihrer vordergründigen Faszination können uns derart fesseln und in Besitz nehmen, daß wir darüber wahre und bleibende Werte, die uns der Schöpfer schenken möchte, einfach vergessen oder gar nicht zulassen. Da wir aus der Vergänglichkeit nicht die Kraft ziehen können, die unsere Seele braucht, fallen wir in Trostlosigkeit.

Ein weiterer Grund, daß wir uns von Gott entfernen, besteht darin, daß wir nicht bescheiden und demütig warten können bis die rechte Zeit zum Tun oder Nichttun gekommen ist. Wir schreiben Gott sogar vor, wie und wann er an uns zu handeln hat. Damit bauen wir Vorstellungen auf, die uns verhärten und uns von Gott trennen, da wir nicht mehr empfangsbereit und durchlässig für seine Gnade sind.

Es liegt wohl in der menschlichen Natur begründet, daß wir immer wieder zur Oberfläche hingezogen werden und Erfahrungen der Tiefe und Gottesnähe einfach vergessen. Die Verbindung zum Urgrund der Schöpfung wird damit unterbrochen, und Trostlosigkeit breitet sich aus. Damit dies nicht geschieht, hat Christus als Mitte unseres Christseins die Gedächtnisfeier seines Todes und seiner Auferstehung gestiftet. „Damit ihr nie vergesset, was meine Liebe tut", wie es in einem alten Kirchenlied heißt.

Versuchungen standhalten

Versuchungen sind ein notwendiger Bestandteil dieser Welt und unseres Lebens. Sie lassen uns erfahren, wie eingewurzelt unsere Standfestigkeit ist und wie weit wir ihnen widerstehen können. Es gibt Übersetzer des Vaterunser, die die Bitte „Und führe uns nicht in Versuchung" austauschen und dafür sagen „Und führe uns durch die Versuchung hindurch".

Versucherische Situationen umgeben uns täglich, und der Feind tut alles, damit wir ihnen erliegen. Jede unserer Schwächen und jede Nachgiebigkeit nutzt er aus. Vor allem versucht er, das Vakuum, das durch unsere Unsicherheit, Furcht und Angst entsteht, mit seiner Gegenwart auszufüllen. Wenn auf diese Weise böse Kräfte sich Zugang zu unserem Inneren verschaffen, können sie um so stärker ihre zerstörerischen Absichten verfolgen. Erkennt der Feind jedoch, daß wir entschieden für Jesus Christus eintreten, verliert er den Mut und ergreift die Flucht. Je intensiver wir mit Christus leben – sowohl in unseren Gebeten als auch in unseren Tätigkeiten –, desto mehr durchschauen wir die Machenschaften des bösen Feindes und erhalten Kraft, ihnen zu widerstehen. Durch jedes wahrhafte Gebet und durch jede geistliche Übung schaffen wir uns ein Bollwerk, das den Angriffen der widergöttlichen Mächte standhält und sie abprallen läßt.

Quälen dich manchmal unerfüllte sexuelle Wünsche? Weißt du nicht, wie du mit diesen Gefühlen umgehen sollst?

„Alle anderen Sünden treten von außen an uns heran, und was von außen kommt, ist leicht abzuwehren. Nur die Geschlechtslust, die Gott um der Erzeugung der Nachkommenschaft willen in uns hineingelegt hat, kann, falls sie die ihr gesetzten Grenzen überschreitet, zur Last werden und drängt, durch die natürliche Veranlagung begünstigt, zum unerlaubten Verkehr. Darum gehört viel Tugend und Sorgfalt dazu, die Geschlechtskraft in rechte Bahnen zu lenken" (Hieronymus, Brief an Furia, 54,9).

Schon vielen Menschen durfte ich mit einer einfachen Übung, die bei rechter Haltung zu einem Gebet wird, helfen, ihre Geschlechtskraft zu kultivieren. In persönlichen Gesprächen, die oftmals zur Beichte führen, kommt immer wieder zum Ausdruck, wie fordernd und besitzergreifend diese Kräfte sich entfalten können. Besonders bei geistlich lebenden Menschen, die sich vorgenommen und versprochen haben, auf diesen Lebensbereich zu verzichten, können erhebliche Probleme auftreten, die die gesamte Persönlichkeitsentwicklung hindern. Ebenso kann es bei älteren Eheleuten vorkommen, daß die Lust am Geschlechtlichen bei dem einen Ehepartner eher versiegt als bei dem anderen. Und dieser sucht sich dann oft Wege zur sexuellen Entlastung, die aber dann wiederum sein Gewissen belasten.

Die nun folgende Übung dient dazu, dein Geschlechtszentrum auf ganz einfache und subtile Weise zu entlasten und die dadurch freiwerdenden Lebenskräfte nutzbringend einzusetzen.

• Setze dich und spüre deinen Aus- und Einatemrhythmus. Achte darauf, daß dein Becken ein wenig erhöhter ist als deine Knie.

• Sei ganz im Beckenraum präsent und folge der Wirbelsäule, indem du dich langsam aufrichtest. Stelle dir die Wirbelsäule nicht als statisches Gebilde vor, sondern als dynamisch – durchströmt von Lebenskräften.

- Atme tief und etwas länger aus und entsprechend wieder ein – ohne dich dabei besonders anzustrengen.
- Lege all deine Anspannung in das Ausatmen hinein und gebe sie somit ab.
- Stelle dir beim Einatmen vor, du atmest durch dein Geschlechtszentrum ein.
- Führe dann in deiner Vorstellung langsam den eingeatmeten Luftstrom deine Wirbelsäule hinauf bis in den Kopf.
- Atme jetzt durch die Mitte deiner Stirn aus, durch das sogenannte dritte Auge.
- Wiederhole langsam diese bewußt geführte Atmung vom Beckenraum hinauf in den Kopf ungefähr vier bis fünf Minuten lang.
- Halte dich an diese Zeit, denn wenn du sie überziehst, kann dir schwindlig werden, und diese wunderbare Übung verliert an Wirkung.

Du bejahst nach dieser Übung vielleicht noch grundlegender als bisher die dir eigene Geschlechtskraft. Anstatt sie zu verdrängen oder gar abzutöten, entlastet diese Atemführung die im Beckenraum ruhende Lebenskraft und läßt dich nicht unter unerfüllbaren Wünschen leiden. Du fühlst dich freier und leichter und bist froh, diese fundamentalen Lebenskräfte besitzen und steuern zu können. Sie beherrschen dich nicht – weder dein Fühlen, Denken noch dein Wollen –, sondern du bist ihr Herr. In allem wirst du ruhiger und friedvoller, ohne die Geschlechtskraft zu verlieren. Du verbindest die Natur mit dem Geist und erweckst damit neue Kräfte in dir, die sogar bis ins Übersinnliche hinein reichen.

Sich in der Versuchung bewähren

Wenn wir im Vaterunser beten „Und führe uns nicht in Versuchung", beten wir letztlich nicht darum, die Versuchung möge uns erspart bleiben, denn das ist unmöglich. Eine Versuchung ist eine Herausforderung an uns, die uns zeigt, wo wir gerade stehen und wie stabil wir sind. Sie ist für unsere Persönlichkeits- und Glaubensentwicklung unverzichtbar.

Widerstehen wir der Versuchung, dürfen wir sicher sein, einen weiteren Schritt auf unser Ziel hin, das Einswerden mit Gott, getan zu haben. Daher sollten wir nicht darum beten, nicht in Versuchung geführt zu werden, sondern in der Versuchung vom Heiligen Geist geführt zu werden. Wir beten darum, nicht in Versuchungen verstrickt zu werden und in der Versuchung zu fallen.

WIDERGÖTTLICHE KRÄFTE

Welche Chancen man nutzt, welche Entscheidungen man trifft und welche man nicht trifft, ist von großer Bedeutung, denn die Konsequenzen unseres unguten Tuns müssen wir oft über Jahre, und eventuell ein ganzes Leben lang, austragen. Daher sollten wir unbedingt darauf achten, daß wir uns nicht durch eine falsche Wahl dunklen Mächten aussetzen. Sie verdrängen oder verschlucken gar die das Leben unterstützenden und aufbauenden Kräfte, an denen wir eigentlich Anteil haben. Die widergöttlichen Elemente haben es sich zur Aufgabe gemacht, jede göttliche Gnadenzuwendung zu verschatten. Wenn wir dem auch nur im leisesten zustimmen, geschieht dies auf tragische Weise, was wir leider erst im Nachhinein bemerken.

Treffen mehrere Menschen zusammen mit unguten Absichten und negativen Kräften, die sie umgeben, Menschen mit rein kommerziell ausgerichteten Zielen, entsteht eine durch und durch schlechte Atmosphäre. Es vervielfachen sich sogar noch die widergöttlichen Kräfte, um ein noch böseres Spiel mit dem Menschen zu treiben.

Als ich meine erste Gemeinde bekam und zu verantworten hatte, entwickelte sich bei mir schon sehr schnell ein Gefühl dafür, welchen Kräften ich mich anvertrauen durfte und welchen nicht. Das Feiern des heiligen Meßopfers zusammen mit der Gemeinde, die Andachten und die Teilnahme am gemeinsamen Beten – täglich, außer sonntags, betete eine große Anzahl von Frauen und älteren Männern in der Kirche den Rosenkranz –, ja, jedes von Gott erfüllte Zusammensein brachte eine ungeahnte Leichtigkeit und Heiterkeit der Seele, die ich nicht mehr in meinem Leben missen möchte. In seiner Rede über das Leben in der Gemeinde sagt Jesus: „Denn wo zwei oder drei in meinem Namen versammelt sind, da bin ich mitten unter ihnen" (Matthäus 18,20). Ist das nicht eine Zusage, aus der wir unser Leben sowohl heilbringend für uns als auch für andere gestalten können?

ÜBLES REDEN

Nach mehr als dreißig Jahren Seelsorge fragte mich jemand, mit welchem Vergehen wohl die meisten Menschen zu kämpfen hätten. Am Beginn meines priesterlichen Dienstes hatte ich mir auch diese Frage gestellt und ging davon aus, daß es wohl Verstöße gegen das sechste Gebot seien. Die langjährige Gesprächs- und Beichterfahrung jedoch lehrte mich etwas ganz anderes, womit ich nicht gerechnet hatte.

Das schlechte Reden über andere, dem ein entsprechendes Denken vorausgeht, ist eine Untugend, die am meisten verbreitet ist, und unter der viele Menschen sehr leiden – sowohl diejenigen, die reden, als auch die, über die geredet wird. Jesus spricht eindringlich in der Bergpredigt, der Zusammenfassung des gesamten Evangeliums, von den Folgen, wenn jemand über einen anderen richtet (vgl. Matthäus 7,1–5). Diese Sünde, ja, man darf ein solches Verhalten so nennen, hat etwas mit der Ursünde des Menschen zu tun: sein wollen wie Gott, sich über andere erheben, es besser wissen als sie und über sie richten. Jesus weist uns bei diesem Vergehen an mehreren Stellen des Evangeliums gehörig zurecht. Auch das Alte Testament prangert dieses Fehlverhalten des Menschen häufig an. „Bei vielem Reden bleibt die Sünde nicht aus, wer seine Lippen zügelt, ist klug" (Sprichwörter 10,19). Der Prophet Amos, der bestrebt ist, die gesellschaftlich-kosmische rechte Ordnung wieder herzustellen, sagt: „Sucht das Gute, nicht das Böse; dann werdet ihr leben, und dann wird, wie ihr sagt, der Herr, der Gott der Heere, bei euch sein" (Amos 5,14). Wer sich allerdings nicht daran hält – so mahnt Amos –, zerstört seinen Lebensraum und sich selbst.

Wir sollten zwar nicht vor dem Unguten in einem Menschen die Augen verschließen, doch ist es besser, das Gute bei ihm an die erste Stelle zu setzen und durch eine helfende Unterstützung zu versuchen, das Gute in ihm zu vermehren. Denn das hat Bestand bis in Ewigkeit – im Gegensatz zu dem Unguten, das vergehen oder gewandelt werden muß. Mit der Einstellung, das Gute in jedem Menschen zu unterstützen, arbeiten wir bereits intensiv am Erlösungswerk Jesu Christi.

GUTES SPRECHEN

Die Weisung der Bergpredigt, nichts Schlechtes über andere zu sagen, ist wohl die am schwersten zu erfüllende: „Richtet nicht, damit ihr nicht gerichtet werdet" (Matthäus 7,1). Im Märchen der Gebrüder Grimm „Die drei grünen Zweige" werden die Folgen der Selbstgerechtigkeit auf tragische Weise beschrieben. Ein alter Einsiedler, geprägt durch Askese und Gebet, stand im Einklang mit sich und dem Schöpfer. Als er eines Tages einen Sünder sah, der zum Galgen geführt wurde, dachte er ganz ahnungslos bei sich: „Jetzt widerfährt diesem Recht." Allein schon dieser Gedanke von ihm brachte in die gesamte Atmosphäre eine derartige Störung, daß der Einsiedler in seiner Glaubensentwicklung zurückfiel und in großer äußerer und innerer Armut – was für ihn weitaus schlimmer war – sein Leben fristen mußte. Ganz am Ende seines Lebens wurde ihm jedoch Erlösung zuteil.

Ein großes Hindernis auf dem geistlichen Weg nach innen sind die vielen leeren und oft negativen Worte und die entsprechenden Gedankeninhalte. Ohne uns selbst und den anderen wirklich zu kennen, kommt es oft zu schnell und oberflächlich Dahergesagtem, das den anderen nicht nur verletzt, sondern ihn auch nach unten zieht – vom Licht ins Dunkel. Eines kommt noch hinzu: Wir selbst nehmen an dieser von Gott abgewandten Bewegung teil.

Die Wertschätzung der guten Eigenschaften eines Menschen dagegen hebt ihn an und motiviert ihn, noch besser zu werden. In diese dem Licht zugewandte Bewegung sind dann auch wir mit einbezogen. Wie glücklich darf sich derjenige schätzen, der das Bedürfnis nicht in sich spürt, über andere schlecht zu reden oder sie gar zu beschimpfen.

WIDER DIE DÄMONEN

Obwohl wir dazu geschaffen sind, gute Werke zu vollbringen (vgl. Epheser 2,10), versagen wir doch immer wieder besonders im Alltag, zum Beispiel durch mürrisches Antworten, Gleichgültigkeit, liebloses Urteil oder Vorurteil. Schlimme Kettenreaktionen sind oft die Folge. Wir tragen aber Mitverantwortung für eine Welt nach Gottes Sinn. Er möchte, daß sein Heiliger Geist uns durchdringt und in unsere Umwelt hinein ausstrahlt. Durch mangelnde Wachheit, Stumpfheit, Ich-Verfangenheit versagen wir uns seiner Heilszuwendung, die durch uns auch andere Menschen erreichen soll. Durch unsere Verschlossenheit entsteht ein Leerraum, in den Ungeist eindringen kann. Die Dämonen lieben bekanntlich herrenlose und leerstehende Häuser.

Damit dies nicht geschieht, sind wir, Gottes Geschöpfe, aus Gnade durch den Glauben gerettet. Durch, mit und in Jesus Christus sind wir dazu geschaffen, in unserem Leben die guten Werke zu tun, die Gott für uns im voraus bereitet hat. Durch sie werden wir ganz erfüllt von der Liebe Gottes, so daß kein Ungeist und auch keine dämonische Kraft uns angreifen kann.

STANDHALTEN

Es gibt immer wieder Menschen, die meinen, Zeichen zu erkennen und zu deuten, die den Weltuntergang bezeugen. Viele Anhänger scharen sich um sie, die dann ebenfalls verkünden: Die Zeit ist da! Hinzu kommt, daß Kriege und Unruhen die Menschen erschrecken, Erdbeben erschüttern ganze Erdteile, und Seuchen und Hungersnöte brechen aus. Und viele andere schreckliche Dinge geschehen um uns herum. Doch dürfen wir keinesfalls daraus schließen, daß der Weltzeit damit ein Ende gesetzt wird. Soweit wir selbst nicht betroffen sind, haben wir die Aufgabe, standzuhalten und unseren Möglichkeiten entsprechend zu helfen.

Wendest du dich aus Besorgnis und Angst an Jesus Christus und fragst, wie es weitergeht und was zu machen ist, wird er dir antworten: „Wenn ihr standhaft bleibt, werdet ihr das Leben gewinnen" (Lukas 21,19). Zu etwas Stehen verlangt allerdings eine Entscheidung, das heißt, sich von all dem zu scheiden, was nicht zu Christus gehört, der eigentlichen Wahrheit und Wirklichkeit. Es geht keineswegs um Untergang, sondern um die Bewältigung dessen, was unsere Aufgabe ist. Damit dieses gelingt, ist die eine Voraussetzung notwendig, in Christus tief verwurzelt zu sein. Lasse dich durch nichts aus der Bahn werfen und entwurzeln, sondern bleibe trotz aller widrigen Umstände in einer zerrissenen Welt fest in Gott gegründet.

Die Dimension des Göttlichen und Ewigen, die dir in allem, selbst in deinem eigenen Tod, Halt gewährt, findest du nicht in der äußeren, sich ständig verändernden Welt, sondern tief in deinem Inneren. Es gehört zum Geheimnis des Bösen, das Wurzelwerk, das dich mit Gott verbindet, zu trennen, so daß du bei der kleinsten Erschütterung aufgibst, haltlos zu Boden fällst und zum Spielball böser Kräfte wirst. Sie gaukeln dir eine Wirklichkeit vor, die schnell vergänglich und trügerisch ist. Läßt du dich auf sie ein, wird dein Stehvermögen restlos unterwandert, und du verlierst den Blick für das Wesentliche, das allem zugrunde liegt und auf Gott verweist, der unsere Erfüllung ist.

Bleibst du dagegen in Gott verwurzelt, indem du deinen Glauben wahrhaft bekennst und lebst, wirst du das Leben gewinnen, verspricht uns Jesus Christus. Du erfährst durch dein Gebet und durch den Empfang der Sakramente seine entgegenkommende Liebe, die dich aufrichtet und dir Kraft verleiht, in unserer teils zerrütteten Welt standhaft zu bleiben. Inmitten aller Unvollkommenheit hast du bereits Anteil an der Herrlichkeit Gottes, am Licht der Wahrheit, die die eigentliche Wirklichkeit ist. In diese Wirklichkeit, wie sie von Gott gemeint ist, darfst du Einblick nehmen und nach ihr dein Leben gestalten.

ABSCHALTEN

Viele, die durch sexuelle Begierden versucht werden, berühren zwar keinen Leib, doch in ihrer Vorstellung und in ihrem Denken befriedigen sie ihre unlauteren Wünsche. Was nützt es, den Leib zu bewahren, in der Seele aber ständig gegen das sechste Gebot zu sündigen? Abgesehen von entsprechender Literatur und Bildern sind viele Fernsehsendungen offensichtlich oder auch unterschwellig auf diese Thematik angelegt. Allein schon zweideutige Bemerkungen eines Moderators in sogenannten Sketchen lassen im Bewußtsein der Zuschauer Bilder aufkommen, die sich dann bis in die Tiefe des menschlichen Herzens weiter entwickeln.

Bei Besuchen bekomme ich des öfteren Teile von Fernsehsendungen mit, die hauptsächlich von Jugendlichen angeschaut werden. Und selbst wenn ich mit dem Gesprächspartner in ein anderes Zimmer gehe, verfolgt mich der Ton. Nicht selten bin ich entsetzt, mit welcher bodenlosen Frechheit und Dreistigkeit sexuelle Dinge angesprochen und in den Dreck gezogen werden. Ich stelle fest, wie oft spät abends oder auch im Traum mir diese Eindrücke wieder ins Bewußtsein kommen. Versuche, Gehörtes oder Gesehenes sofort zu vergessen, gelingen mir nicht. Ich spüre, daß mein Wille versagt und ich diesen nach unten ziehenden Kräften erst einmal ausgeliefert bin.

Es ist wichtig, daß wir uns nicht diesen schleichend zerstörerischen Mächten aussetzen, ja, ihnen überhaupt keine Chance geben, uns zu berühren. Es ist nicht nur gut, sondern auch notwendig, mit aller Aufmerksamkeit das Herz zu bewahren – das gilt für jeden! „Mehr als alles hüte dein Herz; denn von ihm geht das Leben aus. Vermeide alle Falschheit des Mundes, und Verkehrtheit der Lippen halt von dir fern! Deine Augen sollen geradeaus schauen, und deine Blicke richte nach vorn!" (Sprichwörter 4,23–25).

In der Not lügen?

In manchen Situationen stellt sich die Frage, ob man eine Notlüge benutzen darf oder ob man sich der Wahrheit bedingungslos stellt. Ich erinnere mich an meine Mutter, die mir von einer Begebenheit am Ende des Zweiten Weltkriegs erzählte. Um aus Bernburg an der Saale, wo sie als Krankenschwester stationiert war, nach Hause zu kommen – die Russen waren bereits auf dem Vormarsch –, bediente sie sich einer Notlüge, ja, sie nannte es Unwahrheit. Die Züge nach Westen, wenn sie überhaupt fuhren, waren überfüllt, und es wurden nur Mütter mit kleinen Kindern, Kranke und vornehmlich verletzte Soldaten befördert. Als Schwester beim Roten Kreuz hatte Mutter guten Kontakt zu den Ärzten. Obwohl sie völlig gesund war, ließ sie sich testieren, daß sie lungenkrank sei, und fand einen Transport, der sie mitnahm. Bei ihren Eltern in Melle bei Osnabrück angekommen, überfiel sie hohes Fieber, und die Krankheit entwickelte sich zu einer starken Lungenentzündung, die sie an den Rand des Todes brachte.

Diese dramatische und folgenreiche Notlüge wurde für Mutter zur schmerzhaften Wahrheit. Sie warnte mich davor, Notlügen zu benutzen, um damit schneller und besser ein Ziel erreichen zu können. Sie verwarf ebenso Ausreden oder Halbwahrheiten, die zwar momentan Erleichterung verschaffen, uns aber dann doch schnell einholen und Klärung fordern.

Wünschen wir niemandem etwas Schlechtes oder denken negativ von ihm. Wünsche und Gedanken haben eine weitaus größere Kraft als wir uns vorstellen können. Das Wunderbare jedoch ist: Wenn ich sie zum Guten einsetze – zum Beispiel, wenn ich für jemanden bete –, darf ich einer unterstützenden und heilenden Wirkung sicher sein.

„Ein Bruder fragte einen Altvater: ‚Glaubst du wohl, mein Vater, daß die heiligen Männer es erkennen, wenn die Gnade in sie kommt?' Der Altvater antwortete: ‚Sie erkennen es nicht immer. Denn als einmal der Schüler eines großen Greises in irgendeiner Sache gesündigt hatte, schrie ihn der erzürnte Alte an: ‚Geh und stirb!' Und auf der Stelle fiel jener hin und starb. Als der Altvater sah, daß jener gestorben war, ergriff ihn eine ungeheure Angst, und in großer Demut flehte er den Herrn an und bat: ‚Herr Jesus Christus, erwecke ihn wieder, und nie wieder will ich jemals eine solche Rede sagen.' Und als er das gesagt hatte, stand der Schüler sofort wieder auf' " (Weisung der Väter, 1092).

GEFAHR DES LOBES

Wenn ich meinen Holzofen schnell zum Brennen und Heizen bringen möchte, nehme ich Wachsreste von Kerzen und lege sie auf die Holzscheite. Das entfachte Feuer bringt das Wachs als erstes zum Schmelzen. Es zieht in die Holzscheite ein und entflammt sie schneller. Ähnlich wie dieses Wachs reagiert auch meine Seele, wenn sie Lob und Anerkennung von anderen Menschen bekommt. Sie verliert ihre Festigkeit und schmilzt vor Wonne förmlich dahin. So wohltuend diese Erfahrung für Augenblicke auch ist, um so wichtiger ist es, auch die gegenteilige Erfahrung zuzulassen und anzunehmen.

Wenn einerseits die Hitze des Feuers das Wachs aus seiner Form bringt und verzehrt, so wird die Abkühlung oder gar die Kälte das Wachs wieder festigen. Bei Lob und Anerkennung läuft die Seele Gefahr, ihre Festigkeit und ihre Kraft zu verlieren. Im Schweigen hingegen gewinnt sie diese Kraft und die Festigkeit wieder. Aber auch das Gegenteil von Lob – Kritik oder Zurückweisung – bewirkt etwas in der Seele und fordert sie auf, das abzugeben, was nicht zu ihr gehört, und festigt ihre Grundstruktur.

STANDHALTEN STATT FLIEHEN

Wie oft höre oder lese ich in Briefen, daß jemand resigniert und sich nichts anderes als den Tod wünscht. Ich meine diejenigen, die mitten im Leben stehen, und nicht unheilbar Kranke und schwer leidende Menschen. Es ist nicht immer einfach, den Betroffenen aufzuzeigen, daß sie vor etwas fliehen und sich nicht dem Leben stellen.

In der Weisheitssammlung der Wüstenmütter „Meterikon" fand ich eine allgemein gültige Antwort, die die heilige Theodora einer Schwester gibt, die aus dem Leben aussteigen möchte. „Eine Schwester sagte zur ehrwürdigen Theodora: ,Meine Herrin! Meine Seele dürstet nach dem Tod.' Die Ehrwürdige antwortete ihr: ,Dieses kommt davon, daß du der Mühsal der heiligen Stille ausweichen willst und nicht weißt, daß die zukünftigen Qualen und Leiden bedeutend härter sein werden. Harre im Schweigen, in der Stille, in der Mäßigung und im Streben nach allen anderen Tugenden aus, denn die Tröstung unseres geliebten Herrn Jesus ist schon nahe. Daher greifen die Dämonen dich jetzt verstärkt an und versuchen, dich traurig zu stimmen, auf daß du all das, was du schon getan hast, zerstörest. Doch weh dir, Arme, wenn du so schwach und faul aus dieser Welt gehen wirst.'

Aus diesen Worten zog die Nonne einen großen erzieherischen Nutzen, sie ging hin, pries Gott und dankte der Ehrwürdigen" (Meterikon, 71).

Wenn man es versteht, diese wunderbare Weisung auf die jeweilige aktuelle Situation zu übertragen, so daß sie dem bedrängten Menschen in seiner augenblicklichen Lebenshaltung bewußt wird, kann man ihn hoffentlich vor unbedachten, folgenreichen Schritten bewahren.

RICHTIGE ENTSCHEIDUNGEN TREFFEN

MAN ÄNDERT NUR DAS, WAS MAN ANNIMMT

Vor dem zu fliehen, was ich bin, wird niemals eine Lösung für mich selbst und andere bringen. Die Flucht vor mir selbst kann nur gestoppt, die Angst überwunden und das ins Unbewußte verdrängte Leben offenbar werden, wenn wir uns mit dem eigenen Schatten konfrontieren lassen und ihn zunächst einmal annehmen. Das vom „Ich" abgelehnte Leben möchte zu mir gehören, die verdrängte, abgespaltene und von mir nicht zugelassene Lebensseite. Wenn sie nicht angenommen wird, entstehen aus dem Unbewußten Störsignale, die das Leben entfremden: blinde Arbeitswut, Flucht, Verbitterung, Reizbarkeit, Depressionen, Gefühlskälte ...

Viele Menschen haben Angst vor dem dunklen Bruder ihres Lebens und verschließen sich. Sie legen sich selbst Verhaltensregeln auf und kontrollieren sich ständig, um nicht durch diese ihnen ungeheuer erscheinende dunkle Kraft aus der Bahn und ihrem Ansehen geworfen zu werden. Man ändert nur das, was man annimmt.

Ein Mann entdeckte eines Tages, daß er einen Schatten hatte. Eine derartige Angst überfiel ihn, daß er davonrannte, um seinen eigenen Schatten loszuwerden. Als er nach einigen Tagen immer noch auf der Flucht war, versagten seine Kräfte, und er brach tot zusammen. Was hätte er tun können, um die Angst vor seinem eigenen Schatten zu verlieren? Wenn er in den Schatten eines großen Baumes getreten wäre, hätte er ein wenig Ruhe gefunden und festgestellt, daß der Baum seinen Schatten aufgenommen hatte. Wieviel mehr wird Christus, wenn wir innehalten und zu ihm rufen, unseren Schatten und die damit verbundene Angst liebend annehmen und verwandeln?

DUNKLEN GEDANKEN BEGEGNEN

Du kannst noch so glücklich sein: Plötzlich kommen dunkle Gedanken und wollen dir dein Glück rauben. Äußerlich gibt es dazu keinen Anlaß – die zerstörerischen Kräfte kommen aus deinem Inneren und breiten sich mehr und mehr aus, bis sie dich ganz überfluten. Du versuchst, die guten und erhebenden Gefühle, die dich vorher erfüllten, wieder herbeizurufen, doch dies gelingt dir nicht. Du merkst, wie du aus dem Licht der Freude in bedrückende Dunkelheit gezogen wirst. Unmut breitet sich aus.

Das einzig wirksame Mittel, um diesen Kräften eine Absage zu erteilen, besteht darin, sich dem Licht zuzuwenden. Jesus Christus ist dein Licht, und wenn du dich mit der oftmals wiederholten Bitte um sein Erbarmen an ihn wendest, wird er die Dunkelheit in dir ausleuchten. Anstatt daß du sie in tiefere Schichten deiner Seele verdrängst, wird sie durch ihn in Nichts aufgelöst. Beschäftige dich nicht mit der Dunkelheit, denn damit gibst du ihr Macht, über dich zu herrschen und dein Inneres ganz einzunehmen. Kümmere dich einfach nicht um sie, sondern wende dich ihrem Gegenteil zu, und du wirst sehen, daß die Dunkelheit ganz von selbst schwindet, ohne daß du gegen sie kämpfen mußt.

FEHLENTSCHEIDUNGEN:
NIMM DIE SCHÜTZENDEN ANZEICHEN WAHR

Ständig schickt der Schöpfer uns Zeichen auf unseren Weg, um uns vor Mißgeschick, Leid und Fehlentscheidungen zu bewahren. Er möchte, daß wir rechtzeitig erkennen, wie wir uns in welcher Situation zu verhalten haben. Längst bevor etwas in unserem Leben eintritt, zu dem wir Stellung beziehen müssen und das Konsequenzen für uns hat, weisen Zeichen in die richtige Richtung. Die Frage ist: Sind wir fähig, diese feinen Wegweisungen wahrzunehmen? Oft wird es uns erst nachher, also rückblickend, bewußt, wie wir anders und besser hätten entscheiden und handeln sollen. Doch dann ist es in vielen Fällen zu spät, und wir müssen die Folgen unserer Fehlentscheidung oft teuer bezahlen oder gar bitter durchleiden.

Sind wir jedoch sensibel und umsichtig genug, frei von Abhängigkeiten, Wünschen oder Leidenschaften, die uns ganz in Besitz nehmen, dann haben wir auch ein Auge für die zarten Zeichen, die sich uns vor jedem Ereignis offenbaren, und ein Ohr für die leise Sprache Gottes. Der Schöpfer möchte, daß wir rechtzeitig einen tieferen Einblick in die Schöpfungsordnung bekommen und ein-sehen, daß viele unabänderliche Ereignisse nichts weiter sind als Reaktionen, die wir einmal als falsche Handlungen in Gang gesetzt haben. Darüber hinaus möchte er uns zur rechten Wahrnehmung der Zeichen führen, die er aus Sorge für unser Heil auf unseren Weg schickt, damit wir bereits vor dem entsprechenden Ereignis die von Gott gewollte Haltung in uns tragen. Richten wir uns somit nach dem Willen Gottes, dürfen wir der notwendigen Unterstützung durch ihn gewiß sein.

Rückkehr ist immer möglich

Fehlentscheidungen oder widergöttliches Tun entfernen von Gott. Dies wird vielen Menschen, die sich noch in diesem Prozeß befinden, nicht bewußt. Sie merken es oft erst in einer Krise, wenn zum Beispiel ein geliebter Mensch sie verläßt, wenn Krankheit sie überfällt, Geldsorgen sich breit machen oder einfach, wenn gesunde Lebensimpulse versagen. Besonders Männer haben die „Gabe", ein in ihnen immer größer werdendes Vakuum geschickt durch großtuerisches Reden und ein ständiges Aktivsein zu überdecken. Irgendwann jedoch wird diese Schicht so dünn und unbelastbar, daß sie zusammenbricht. Fehlt das tragende Element des Glaubens, ist bei vielen die Gefahr des Selbstmords groß.

Was auch im Leben eines Menschen geschehen ist, was auch immer ihn von Gott getrennt und entfernt hat: Es gibt immer die Möglichkeit, zu ihm, dem Quell allen Lebens und der Liebe, zurückzukehren.

Verfalle nicht in den großen Fehler, es allen recht machen zu wollen. Das haben schon viele versucht und sich dabei selbst verloren. Es sind in der Regel nur sehr wenige Menschen, die dein Fühlen, Denken und Tun wahrhaftig verstehen und dich trotz einiger Fehler uneingeschränkt liebhaben. Zu ihnen wird es dich hinziehen, und du kannst oder könntest mit ihnen zusammenleben. Warum bemühst du dich, vielen Menschen zu gefallen, indem du dich ihnen anpaßt, nach ihrem Munde redest, ihnen Geschenke machst und ständig daran denkst, ob du wohl gut bei ihnen ankommst? Lerne vielmehr, deine eigene Individualität zu entwickeln und zu leben. Versuche in allem, was du fühlst, denkst und tust, du selbst zu sein. Dazu gehört Mut und die Fähigkeit, sich von anderen abzugrenzen.

Schau auf das irdische Leben Jesu. Die Konfrontation mit den Pharisäern und Schriftgelehrten mußte er bis zu seinem Tod ertragen. Jesus konnte nur denjenigen helfen und ihnen nahe sein, die sich ihm gegenüber öffneten. Und das waren vor allem die Armen, die Ausgestoßenen und am Rande Stehenden. Selbst in seinem Jüngerkreis gab es große Unterschiede sowohl in der Beziehung der Jünger zu Jesus als auch in der Beziehung Jesu zu seinen Jüngern. Denke an Johannes, den Lieblingsjünger, an Petrus oder gar an Judas.

Für Jesus gab es nur eines – und das war für ihn das Wichtigste: den Auftrag und den Willen seines Vaters zu erfüllen. Deshalb zog er sich immer wieder von den vielen Menschen und Aufgaben zurück, um im Gebet mit seinem Vater allein zu sein. Nur hier fand er die Kraft, seinen Weg in dieser Welt konsequent bis ans Ende zu gehen. Und wenn Jesus als Mensch es nötig hatte, das viele immer wieder zu lassen, um das eine zu suchen und sich ihm zuzuwenden, um wieviel mehr ist es dann unsere Aufgabe, im Gebet der Hingabe an den Vater Gnade und neuen Lebensmut zu empfangen. Nur auf diese Weise erfahren wir unseren individuellen Auftrag in dieser Welt und erhalten die Kraft, ihn unabhängig von der Meinung anderer zu verwirklichen.

Schon sehr früh beginnen wir als Kinder, uns für das eine oder das andere zu entscheiden. Je eindeutiger wir lernen, Ja oder Nein zu sagen, desto leichter wird es uns später, die rechte Wahl zu treffen. Das, wozu wir uns entschieden haben, wird unser Glück oder auch, wenn es eine vorschnelle und falsche Entscheidung war, unser Nicht-Glück ausmachen.

Bevor Jesus in die Öffentlichkeit trat, ging er in die Stille, um zu beten und um sich für seinen Auftrag zu stärken. Und jedes Mal, wenn neue Aufgaben und Entscheidungen auf ihn warteten, tat er das Gleiche. Schau auf ihn, unseren größten und einmaligen Lehrmeister.

Vor Übergängen von einem Lebensabschnitt in einen anderen, vor Entscheidungen, vor notwendigen Eingriffen und vor allen schwerwiegenden Veränderungen in deinem Leben solltest du dich für eine angemessene Zeit in die Stille zurückziehen und um Gnade und göttliche Unterstützung bitten. An vielen Kreuzungspunkten des Lebens kannst du dich nur einmal für diese oder jene Richtung entscheiden. Sei dir dessen bewußt und handle niemals leichtfertig, denn du wirst unter Umständen die Folgen einer voreiligen falschen Entscheidung ein Leben lang tragen müssen.

Deine Entscheidungen prägen dein Leben. Sie beginnen schon während der Schulzeit, wenn du zwischen Fächern und bestimmten Abschlüssen wählen kannst. Wie verhältst du dich in der Pubertät, wem wendest du dich zu, wem vertraust du dich an? Für welchen Beruf entscheidest du dich oder mußt du dich gar entscheiden? Was tust du für deine Gesundheit? Gründest du eine Familie oder möchtest du allein leben – eventuell in eine geistliche Gemeinschaft eintreten? Wenn es dir möglich ist: Welchen Wohnort suchst du dir aus? Wer sind deine Freunde? All das und vieles mehr macht dein persönliches Leben aus, wofür du allein verantwortlich bist. Solltest du dir bei so wesentlichen und wichtigen Lebensentscheidungen nicht den Rat eines lieben und Gott nahen Menschen holen? Solltest du nicht, um sicherzugehen, einen lebendigen Kontakt zu deinem Schöpfer aufbauen, der es unendlich gut mit dir meint und dein Freund und Heiland sein möchte?

LÄSTERN ÜBER DEN GLAUBEN

Was kann ein religiös engagierter und praktizierender Christ tun, wenn der Ehepartner oder die Ehepartnerin ständig über den Glauben lästert und alles, was dem einen heilig ist, nach unten, ja, sogar in den Dreck zieht? Um sich vor all den ironischen und sarkastischen Bemerkungen zu schützen, bleibt oft eine Verhärtung des Herzens nicht aus. Ist es ein Lästern über den Glauben, weil man nicht dazu gehört und früher schlechte Erfahrungen mit der Kirche gemacht hat? Es kann aber auch einfach eine Sehnsucht nach Liebe dahinterstecken, die dem anderen Ehepartner durch den Glauben erfüllt wird, eine Sehnsucht, die mit Eifersucht gepaart ist, da die Fähigkeit zum Glauben fehlt. Aufgestaute Aggressionen werden dann völlig unkontrolliert herausgelassen. Viele berichten darüber, wie unangenehm und kaum mehr auszuhalten ein solches Zusammenleben sein kann, denn oftmals ist ein sachliches und ruhiges Reden überhaupt nicht möglich.

Eine Antwort oder einen Rat zu geben, ist nicht einfach. Noch am Kreuz und sterbend betet Jesus für seine Mörder: „Vater, vergib ihnen, denn sie wissen nicht, was sie tun" (Lukas 23,34). Für viele Menschen ist dieses Wort Jesu noch unerreichbar, denn sie fühlen, daß sie noch ein zu enges Herz haben und an den Verwundungen leiden, die ihnen fast täglich neu zugefügt werden. Paulus führt dieses Wort weiter aus, indem er sagt: „Ertragt euch gegenseitig, und vergebt einander, wenn einer dem anderen etwas vorzuwerfen hat. Wie der Herr euch vergeben hat, so vergebt auch ihr! Vor allem aber liebt einander, denn die Liebe ist das Band, das alles zusammenhält und vollkommen macht" (Kolosser 3,13,–14).

Und trotzdem – so zeigt es die Erfahrung – gelingt es vielen Menschen über Jahre nicht, mit dieser liebevollen Einstellung und allen guten Versuchen den Partner zu überzeugen und zu wandeln. Es ist notwendig, daß beide Partner sich Hilfe holen und mit einem Dritten darüber sprechen; aber auch verstehbar, wenn sie sich vorerst eine gewisse Zeit lang trennen.

Abbas Theodor von Pherme, ein Wüstenvater aus dem 4. Jahrhundert, greift radikal ein. Er spricht allerdings nicht von einer Ehe, sondern von Freundschaft. „Wenn du mit jemandem Freundschaft hast, und es geschieht, daß er in die Versuchung zur Unzucht fällt, dann reiche ihm, wenn du kannst, deine Hand und ziehe ihn nach oben. Wenn er aber in Ketzerei fällt und sich von dir nicht überzeugen läßt, sich abzuwenden, dann schneide ihn augenblicklich ab von dir; denn wenn du zögerst, wirst du mit ihm in den Abgrund gerissen" (Weisung der Väter, 271).

UMGANG MIT GEDANKEN

Es liegt zum größten Teil an dir, wie der Verlauf deiner Gedanken ist. Sind der Beginn und das Ende eines Gedankens gut, darfst du sicher sein, daß der Böse seine Hand nicht im Spiel hat. Gleiten jedoch deine Gedanken ab und bringen Ungutes in dein Bewußtsein, solltest du ihnen gleich eine Absage erteilen, indem du den Namen Jesu Christi mehrmals anrufst und ihn um sein Erbarmen bittest. Aus eigener Kraft gelingt es uns selten, von verführerischen Gedanken abzulassen und damit verbundene Vorstellungsbilder aufzugeben. Die dunkle, widergöttliche Kraft ist ständig darauf bedacht, Einlaß in unsere Seele zu finden und sie von Gott zu trennen. Wie leicht und schnell erliegen wir ihr, ohne es bewußt wahrzunehmen. Und plötzlich erleben wir uns in einer ganz anderen als der von Gott gewollten Welt, die imstande ist, uns zu fesseln und nicht mehr loszulassen. Nicht mit Auseinandersetzungen und Diskussionen können wir uns aus ihr befreien, sondern einzig und allein durch Zuwendung zur göttlichen Welt, die eine Welt des Lichtes und der Liebe ist. Diese Liebe schenkt uns die Freiheit der Kinder Gottes und belichtet das Ebenbild Gottes in unserer Seele. Mit ihm sind wir stark und können alles im Wege Stehende beseitigen.

Aber wisse: Es gibt noch eine andere Art von dunklen Gedanken, deren Ausdruck notwendig ist, da sie durch ihr

Schwinden dem göttlichen Einfluß in deinem Inneren Platz machen. Das sind Gedanken – vorausgesetzt, du rufst sie nicht bewußt hervor –, die eine Lösung von tief verwurzelten Spannungen anzeigen. Durch Ruhe, vornehmlich im Gebet, lösen sich nach und nach Eindrücke auf, die sich in deinem Inneren festgesetzt haben und die dir zuströmende Gnade blockieren und nicht wirksam werden lassen. Auf dem Weg der Befreiung zu Gott ist dieser Reinigungsvorgang dringend notwendig. Du mußt um ihn wissen und diese Art von Gedanken von den vom Bösen eingegebenen und durch dich bewußt weiter gesteuerten Gedanken unterscheiden. Hier solltest du eingreifen und ihnen eine Absage erteilen. Bei den anderen Gedanken, die durch Spannungslösung entstehen, solltest du nicht eingreifen, sondern sie wie Wolken vor der Sonne vorbeiziehen lassen, in der Gewißheit, daß sie ohne dein Zutun schwinden und sich auflösen. Es ist nicht immer gesagt, daß diese Gedanken – es können auch Bilder sein – einen dunklen Inhalt haben. Allein wichtig ist, daß du dich nicht um sie kümmerst, sondern sie bedenkenlos weiterziehen läßt.

GEFAHREN ERKENNEN

Oft beschweren kleine und scheinbar unwichtige Dinge, die von den meisten gleichgültig hingenommen werden, in ihrer hemmenden Eigenart die ganzheitliche religiöse Entwicklung des Menschen nicht weniger als jene größeren, die zu gefährlichen Abhängigkeiten und damit zur Entfernung von Gott führen.

Sei daher achtsam und nimm auch die kleinen, immer wiederkehrenden Störungen wahr. Versuche, sie durch intelligentes Tun, unterstützt durch Gebet, zu entfernen, damit sie sich nicht aufschichten und eines Tages explodieren. Sie würden sonst dich und andere erheblich verletzen.

UNGLÜCK VERMEIDEN

Als Vater durch seinen plötzlichen Unfalltod ums Leben kam, war ich 25 Jahre alt und noch recht unerfahren. Er hatte ein klares und eindeutiges Testament hinterlassen: Alles, was er besaß, gehörte ab diesem Tag seiner Frau; und nach ihrem Tod sollten sich die beiden Kinder das teilen, was seine Frau übrigließ.

Mutter stand noch Tage nach Vaters Tod unter dem Schock des Plötzlichen. Ich mußte mein Studium aufgeben, um Vaters Stellung im Betrieb zu übernehmen. Meine Schwester war ausgebildete Medizinisch-Technische Assistentin. Jetzt, nachdem Vater uns entrissen worden war, hatte jeder von uns Dreien eine Menge mit sich selbst zu tun. Wohl aus diesem Grund und mangelnder Übersicht ließen wir uns von einem Verwandten und dem Steuerberater überreden, Vaters Testament auszuschlagen und eine steuerlich „bessere" Lösung an seine Stelle zu setzen. Der Staat erkannte diese selbstgefertigte neue Verteilung an, und wir sparten nach Aussage des Steuerberaters eine Menge ansonsten zu zahlender Steuern. Diese Lösung, so hieß es, sei auch für die Zukunft die beste.

Und was geschah in Wirklichkeit? Schon einige Monate nach Vaters Tod wurden Ansprüche laut und Forderungen geltend gemacht, die nach Vaters Testament keine Rechtsgrundlage gehabt hätten; jetzt aber mußten wir uns schmerzlich damit auseinandersetzen. Eine Lawine unguter Ereignisse folgte, und keiner von uns fand die Ruhe und den Frieden, den Vater seiner kleinen Familie so sehr gewünscht hatte. Als Mutter genau dreißig Jahre nach Vaters Tod von uns ging, sagte sie einige Tage vorher zu mir: „Vaters Testament nicht anzunehmen, war der größte Fehler, den wir machen konnten. Unsere besserwisserische Entscheidung hat uns allen nur Unglück gebracht."

Mutters Worte verstärkten noch einmal meine Einstellung, die ich schon vor Jahrzehnten getroffen hatte: Schlage niemals – und komme auch was kommen mag – den letzten Willen eines Menschen aus. Selbst wenn die Erfüllung des letzten Willens nicht einsehbar, teuer, umständlich oder kaum durchführbar ist: Setze alles daran, so gut es eben möglich ist, den letzten Willen eines Verstorbenen zu erfüllen. Diese meine gegenteilige und schmerzliche Erfahrung durfte ich an viele Familien, in denen ich eine Sterbebegleitung machen durfte, warnend weitergeben. Immer wieder habe ich festgestellt, wie Hinterbliebene meinten, vieles besser zu wissen, was aber in keiner Weise dem Willen des Verstorbenen entsprach.

Gleiches mit Gleichem vergelten?

Ein Wort eines anderen Menschen kann weitaus mehr verletzen als irgendeine unüberlegte Tat. Ich kenne nur wenige Menschen, die nach solch einer Verletzung in die offene Auseinandersetzung mit dem Gegenüber gehen. Die meisten, und zu ihnen gehöre ich auch, tragen eine solche Verwundung lange mit sich herum und versuchen, sich nach außen hin nichts anmerken zu lassen. Wie schmerzhaft so etwas sein kann und welche Herzensverhärtungen die Folge sind, können bestimmt all die Menschen gut nachfühlen, die eine ähnliche Veranlagung haben.

Eine kleine Geschichte aus der Zeit der frühen Mönchsväter hat mich gelehrt, besser mit Verletzungen, die mir jemand durch Worte zugefügt hat, umzugehen. Zu einem Altvater, der einsam lebte, kam einmal ein jüngerer Bruder und sah, daß er Blut spuckte. Erstaunt und besorgt fragte der junge Mönch nach dem Grund. Der Altvater antwortete: „Das ist das Reden eines Mitbruders, das mir sehr wehe getan hat. Ich überlegte, ob ich es ihm zurückzahlen solle oder nicht. Doch dann bat ich Gott, diese Verletzung zu heilen und das Rachegefühl von mir zu nehmen. Und siehe da: Die Verletzung wurde zu Blut in meinem Mund, und ich spuckte es aus. Damit zog wieder Ruhe in mein Inneres ein, und ich vergaß, was geschehen war" (Weisung der Väter, 127).

Verwirkliche dein Leben!

Hören wir nicht manchmal – besonders in Bedrängnis und verwirrender Zeit – ganz tief innen eine Stimme in uns, eine Intuition, die uns gut zuspricht? Empfinden wir nicht manches Mal ein Selbstwertgefühl, das Angst vor dem Leben und unnötiges Bedenken zunichte macht – eine geistige Kraft, die uns zu klarer Entscheidung und zum kreativen Aufbruch drängt?

Ich habe viele Menschen auf diese Fragen sagen hören: „Ja, aber ich hatte nicht den Mut, letztlich darauf zu vertrauen. Und dann überließ ich eine anstehende Entscheidung ‚kompetenteren' Menschen. Aber Glück – oder besser gesagt Heil – hat mir eine solche Fremdbestimmung nicht gebracht. Eher das Gegenteil!" Oder: „Hätte ich doch damals nur auf meine innere Stimme gehört, dann wäre ich nicht in dieses Dilemma hineingerutscht, und mir wäre viel Leid erspart geblieben!"

Es gibt eine innere Stimme der Wahrheit in uns. Sie möchte uns vor Mißgeschick und falschen Entscheidungen bewahren. Meistens meldet sie sich schon weit bevor ein wichtiges Ereignis auf uns zukommt – allerdings ist diese Stimme anfangs sehr leise. Indem ich jedoch durch Gebet und eine auf den Schöpfer ausgerichtete Stille hörender und empfangsbereiter werde, entwickelt sich meine gute Intuition um so stärker. Viele Gott nahe Menschen berichten aus eigener Erfahrung, daß Gott seine Liebesimpulse in unsere Innerlichkeit sendet, und wir nur lernen müßten, sie wahrzunehmen.

Lassen wir uns nicht allzu schnell und allzu leicht durch Zeitströmungen und Meinungen anderer beeinflussen, anstatt ein gesundes Selbstbewußtsein und Selbstwertgefühl zu entwickeln? Viele Menschen haben regelrecht Angst vor dem Leben und lassen gern durch andere nicht nur ihre Denkweise, sondern oft auch ihr religiöses Leben bestimmen.

„Wach auf, du Schläfer, und steh auf. Werde licht, denn es kommt dein Licht, und die Sonne geht leuchtend auf über dir. Du wirst vor Freude strahlen, und dein Herz öffnet sich weit" (Jesaja 60,1.5).

EWIGES LEBEN ERNTEN

Der reiche Mann, der den armen Lazarus vor seiner Tür liegen ließ ohne ihm zu helfen, war nur damit beschäftigt, rein egoistisch seinen Anteil am Guten in dieser Welt auszuleben. Sein „Lohn" wurde ihm bereits in diesem Leben zuteil. Die

Antwort auf seinen Egoismus war, daß er im zukünftigen Leben leiden mußte (vgl. Lukas 16,25). Wer also nur in dieser und für diese Welt seine egoistischen Ziele verfolgt und dazu noch von der Anerkennung durch andere Menschen abhängig ist, wird es in der kommenden Welt schwer haben. Die so erreichten Ziele haben keinen Bestand und schmelzen dahin wie Schnee vor der Sonne; menschliche Gefühle, Gedanken und die Akzeptanz durch andere sind in der Regel äußerst instabil und damit ebenso schnell vergänglich.

Jesus Christus hat uns im Neuen und ewigen Bund eine Brücke geschlagen vom Vergänglichen zum unvergänglich Ewigen. Unsere Aufgabe besteht darin, nicht im Vergänglichen haftenzubleiben, sondern mit ihm das Kreuz zu überwinden und durch seine Auferstehung Fuß zu fassen in der ewigen Welt der Herrlichkeit des Vaters. Der Empfang der Sakramente und das wahrhafte Gebet der Hingabe, uns vertrauensvoll einzig und allein auf Gott zu verlassen, helfen uns, die trennenden Abgründe zu überbrücken und bereits in dieser Welt Anteil zu haben am Licht und der Liebe Gottes.

„Wer im Vertrauen auf das Fleisch sät, wird vom Fleisch Verderben ernten; wer aber im Vertrauen auf den Geist sät, wird vom Geist ewiges Leben ernten" (Galater 6,8).

Bist du bereit für einen neuen Anfang?

Hoffnung inmitten von Hoffnungslosigkeit

„Das Auge gibt dem Körper Licht. Wenn dein Auge gesund ist, dann wird dein ganzer Körper hell sein. Wenn aber dein Auge krank ist, dann wird dein ganzer Körper finster sein" (Matthäus 6,22–23). Ebenso ist es mit unseren Gedanken. Sind sie hell, licht und freundlich, bauen sie uns und andere Menschen auf. Haben wir dagegen negative Gedanken, dann schaden wir uns selbst am meisten, aber auch anderen, weil wir sie nach unten ziehen. Bei allem, was auf uns an Dunklem zukommt, gibt es Lichtblicke, die allzu leicht und schnell übersehen werden. Die Kunst, nicht nur das Negative im Auge zu haben und ins Herz zu nehmen, besteht darin, diese Lichtblicke wahrzunehmen. Damit wenden wir uns bereits von der Dunkelheit ab und dem Licht zu. Wie das Negative vorher, so entfaltet sich jetzt in uns das Lichtvolle, das keine neue Dunkelheit mehr zuläßt und die vorhandene vertreibt.

Kannst du es verantworten, durch negative Gedanken, schlechtes Sprechen und entsprechendes Tun noch mehr Dunkelheit und Leid in die Welt zu bringen? Bist du dagegen bemüht, dich guten Gedanken zuzuwenden, Gutes zu sprechen und zu tun, vertreibst du damit sowohl bei dir als auch bei anderen Menschen die Dunkelheit. Die Freude, die du vielleicht über eine lange Zeit vermißt hast, kehrt wieder bei dir ein, kann sich entfalten und sich weit über dich hinaus ausbreiten. Sind Hoffnung inmitten der Hoffnungslosigkeit und der Lichtblick inmitten der Dunkelheit auch noch so klein: Wendest du dich ihnen zu und nimmst sie in deinen Blick und in dein Herz, darfst du sofort ihre verwandelnden Kräfte erfahren: Die Hoffnungslosigkeit schwindet, und dein Inneres wird wieder licht.

UMKEHR IST IMMER MÖGLICH

Man kann sich noch so weit von Gott entfernen: In seiner überreichen Liebe und in seinem liebenden Entgegenkommen öffnet er uns Wege und bietet uns immer neu und ohne nachzutragen die Möglichkeit, zu ihm zurückzukehren. Wo auch immer wir hinschauen: Die Barmherzigkeit Gottes ist allumfassend und grenzenlos.

DEM RÜCKRUF FOLGEN

Es ist eine wunderbare Erfahrung und ein erhebendes Erlebnis, wenn der Mystiker – das sind wir von Natur aus alle – wahrnimmt, daß in seiner eigenen Existenz ein Nachhall der obersten, geistigen Vollkommenheit Gottes schwingt. Dieser Klang Gottes in der Tiefe unserer Seele, der durch alle Stufen seiner Schöpfung widerhallt, möchte uns zu ihm zurückrufen.

Auch Menschen, die durch Unwissenheit, falsche Wahl oder bewußte Abkehr von Gott dunkle Schatten in ihre Seele aufgenommen und den Klang des Schöpfers in ihrer Seele übertönt haben, dürfen auf Befreiung und Heilung hoffen. Jesus Christus ist zu uns in die Welt gekommen, um die Werke der Finsternis zu zerstören und alles, was dem Klang der Liebe Gottes im Wege steht, auszuräumen. Auf ihn, der sich immer neu in unserem Leben offenbaren möchte, dürfen wir hoffen; ihm dürfen wir bedenkenlos vertrauen und uns in der Rückruf-Bewegung zum Vater ganz auf ihn verlassen.

TOD EINES GELIEBTEN MENSCHEN

Du stehst unfaßbar vor dem Tod eines geliebten Menschen, der viel jünger ist als du. Niemals hast du dir vorgestellt, er würde eher sterben als du. Wie könnten wir in diesen Augenblicken über das Schicksal erhaben sein und innere Festigkeit zeigen? Dies wird bei einem Menschen, der zutiefst Liebe gegeben und empfangen hat, kaum möglich sein. Bevor du dich

jedoch in Traurigkeit verlierst und vom Schmerz überwälti-
gen läßt, rufe dir die wunderschöne Zeit in Erinnerung, in
der dir dieser geliebte Mensch geschenkt wurde und du mit
ihm zusammen sein durftest. Sei dankbar!

Du solltest unter keinen Umständen in deiner Trauer den
Verstorbenen festhalten, indem du dir wünschst, er möge zu
dir zurückkehren. Damit bindest du ihn an dich und diese
Welt und läßt nicht zu, daß seine Seele auf dem Weg in der
jenseitigen Welt Fortschritte auf Gott hin macht. Maria Magdalena liebte ihren Herrn und konnte es nicht fassen, daß er
auf so grausame Weise den Tod erleiden mußte. Sie sucht wei-
nend sein Grab und fragt den Gärtner, wohin sie ihn gebracht
haben. Doch der Gärtner gibt sich als der Auferstandene zu
erkennen und sagt zu ihr: „Halte mich nicht fest; denn ich bin
noch nicht zum Vater hinaufgegangen" (Johannes 20,17).

Gegen die Herzenshärte

Es gab in meinem Leben eine Zeit, in der ich überhaupt keinen Zugang zu religiösen Dingen, ja, überhaupt zum Glauben fand. Wenn ich mich zu beten überwand, blieb es trok-
ken und nichtssagend. Gleiches erlebte ich beim Besuch des
Gottesdienstes, bis ich ihn gänzlich aufgab. An allem hatte
ich etwas auszusetzen, und allmählich konnte mich nichts
Religiöses mehr erreichen. Ich wollte mein Leben selbst in die
Hand nehmen und steuerte es durch meinen Willen. Eine Zeit
lang ging alles gut, und ich hatte sowohl beruflich als auch
in meinem Privatleben Erfolg. Doch schon bald bemerkte ich,
daß ich in Krisen keine Standfestigkeit besaß und, was für
mich noch weitaus schlimmer war, daß mein Herz immer
mehr verhärtete. Menschen zogen sich von mir zurück, in
meinem Beruf begann das Fundament zu bröckeln, und ich
fühlte mich verlassen und einsam. Mein Inneres war zu einer
Wüste geworden, die auf einen Ozean wartete. Weil ich zu
sehr in mir gefangen war, dauerte dieses Warten jedoch noch
einige Jahre.

Der Tod eines lieben Menschen brach in mir eine Verkru-
stung auf, und ein Gefühl der Trauer stellte sich ein. Ich nahm

an seiner Beerdigung teil, und Gedanken an meinen eigenen Tod wurden in mir laut. Entscheidend jedoch war ein Wort der Lesung in der heiligen Messe für den Verstorbenen. Der Lektor las diese Worte so eindringlich und überzeugend, daß sie mich nicht nur ansprachen, sondern auch zutiefst berührten. „Ich schenke ihnen ein anderes Herz und schenke ihnen einen neuen Geist. Ich nehme das Herz von Stein aus ihrer Brust und gebe ihnen ein Herz von Fleisch" (Ezechiel 11,19).

In einem nahegelegenen Benediktinerkloster beichtete ich. Und als der Pater hörte, daß ich lange nicht mehr die heilige Messe besucht hatte, antwortete ich auf sein Erstaunen, daß ich glaubte, Gott überall zu finden und deshalb nicht eigens mehr in die Kirche gegangen sei. „Ja", antwortete er, „aber wir bedürfen zusätzlich der Erinnerung an das, was seine Liebe in Jesus Christus für uns getan hat, weil wir schnell alles Gute wieder vergessen, und die Folge ist, daß unser Herz sich verhärtet. Daher sollten wir immer wieder das Wort Gottes hören und das Gedächtnis Jesu Christi feiern."

Ohne daß er Näheres von mir wußte, hatte er genau das Wort getroffen, daß mich bewegte, diesen Schritt nach innen zu tun. Als er mein Betroffensein spürte, sprach er in dieser Richtung weiter. „Die Natur des Wassers ist weich, die des Steines hart. Läßt nun ein Behälter, der über dem Stein hängt, Tropfen für Tropfen fallen, so durchlöchern sie den Stein. So ist auch das Wort Gottes weich, unser Herz aber hart. Wenn nun aber ein Mensch oft das Wort Gottes hört und das Sakrament der Liebe empfängt, dann öffnet sich sein Herz und es wird fähig, wiederzulieben."

AUFGABEN UND PFLICHTEN BEJAHEN

Verantwortung und Verpflichtungen begleiten uns während des ganzen Lebens – individuell sehr verschieden. Wenn wir die uns zukommende Verantwortung nicht auf uns nehmen und unseren Verpflichtungen nicht nachkommen, bürden wir uns eine zusätzliche schwere Last auf und verfangen uns in immer weniger durchschaubaren Schicksalszusammenhängen. Das uns Zukommende können wir unter keinen

Umständen auf andere abwälzen, sondern müssen es selbst
so lange austragen, bis die damit verbundene Aufgabe erfüllt
ist.

Um nicht nur meine Familie zu unterhalten, sondern auch
um viele Arbeitsplätze zu erhalten, fühlte ich mich dazu aufgefordert, nach Vaters frühem Unfalltod seinen Betrieb zu
übernehmen. Dieser Schritt, der mir nicht leichtfiel, war wie
eine innere Mahnung und Pflicht, der ich mich nicht entzie-
hen konnte. Zwischenzeitlich hatte ich den starken Wunsch
und das Bedürfnis, auszusteigen, um etwas Neues zu beginnen, was mir wesentlich mehr Freude bereitete als das Kauf-
männische. Doch all meine Versuche scheiterten, und ein
Pädagogik-Professor, bei dem ich mir Rat holte, sagte mir klar
ins Gesicht, er habe den Eindruck, ich wolle vor meinen Aufgaben fliehen. Ich hielt durch, doch die Erfolge meiner Arbeit
waren alles andere als grandios. Nach zwölf Jahren spürte ich
an mehreren Zeichen, die sich mir auf meinem Lebensweg
offenbarten, daß nun die Zeit reif war, den Betrieb zu verlassen. Alles wurde auf einmal leicht, und mein langjähriger
Wunsch, Priester zu werden, erfüllte sich.

Stehen wir zu unserer Verantwortung und erfüllen unsere
Pflichten, werden wir von der Last, die oftmals damit verbunden ist, befreit. Wir sollten aber niemals vergessen: So lange
wir in diesem Leben stehen, ist es zu keiner Stunde bei Tag
und bei Nacht möglich, ganz frei von Pflichten zu sein.

GOTT ZWINGT NICHT

Ein junger Mann, dessen Schwiegereltern mehr oder weniger
verlangen, daß er sich kirchlich trauen läßt, bittet mich um
Rat und schreibt: „Ich mag die Kirche nicht … Meine ersten
Kirchenbesuche hatten immer etwas mit Zwang zu tun. Ich
erinnere mich, wie ich mich bereits als kleiner Junge mit Händen und Füßen gewehrt habe, wenn es sonntags hieß: ‚Wir
müssen in die Kirche gehen.‘ Der Zwang, den erst meine Eltern und später die Lehrer und Pfarrer auf mich übertrugen,
ist unerträglich: Stillsein, Aufpassen, Niederknien, Aufste-
hen, Mitbeten und Mitsingen, Fremden beim Friedensgruß

die Hand geben, nicht sprechen und erst recht nicht lachen …
Sobald ich es mir erlauben konnte, ging ich nicht mehr hin.
Ich versuche als Christ auf meine Weise nach der Botschaft
Jesu zu leben. Von Jesus geht für mich Einladung aus und
kein Zwang."

In langen Gesprächen habe ich versucht, diesem Mann zu
verdeutlichen, daß Kirche mehr ist als ein Ort, an dem Ge-
und Verbote einzuhalten sind, daß Beten mehr ist als ein
Nachsprechen bestimmter Formeln. Und vor allem habe ich
ihm an Beispielen aufgezeigt, daß der Mensch auch in der
Kirche „Mensch sein" kann. Wir haben immer wieder seine
Verletzungen angeschaut und über sie gesprochen. Eines Ta-
ges gewann er sein gestörtes oder gar abhanden gekommenes
Urvertrauen wieder. Er staunte nicht wenig, als ich ihm einen
kurzen Väterspruch vorlas, und er sagte, daß er solch eine
Toleranz gerade in der frühen Kirche und dann noch unter
Mönchen nicht erwartet habe:

„Einige von den Alten kamen zum Altvater Poimen und
sagten zu ihm: ‚Wenn wir beim Gottesdienst Brüder einnik-
ken sehen, willst du, daß wir ihnen einen Stoß geben, damit
sie in der Vigilie wachen?' Er erwiderte: ‚Wahrlich, wenn ich
einen Bruder einnicken sehe, dann leg ich seinen Kopf auf
meine Knie und lasse ihn ruhen' " (Weisung der Väter, 666).

VERGEBUNG ANNEHMEN

Ein junger Familienvater kommt häufig zum Gespräch zu
mir. Nach wie vor leidet er unter einem Erlebnis, das schon
einige Zeit zurückliegt. Er kann dieses Erlebnis einfach nicht
loslassen. Schuldgefühle und Selbstvorwürfe quälen ihn so,
daß er sich selbst verurteilt. In der Beichte hat er längst Vergebung erfahren, doch kommt er einfach nicht los von seiner
„Schuld". Seine Gedanken und Gefühle kreisen ständig neu
um dieses Thema, und damit blockiert er jegliches Angebot
von Befreiung.

Ich habe versucht, verschiedene Wege des Loslassens mit
ihm zu gehen, doch blieben sie ohne Erfolg. Die schlimmste
Enttäuschung für ihn ist, daß er als Ehemann und Vater nicht

so ideal ist, wie er sich das gedacht und vorgestellt hatte. Der Grund für alles: Vor einem Jahr lernte er eine Frau flüchtig kennen – und es kam zu einer intimen Begegnung mit ihr. In langen Gesprächen machte ich ihm klar, daß es genug sei, wenn man eine Sünde vor Gott zugibt und sie ihm dann im Sakrament der Versöhnung übergibt. Es entsteht eine neue Sünde, wenn man nur um sich selbst kreist, an dem vergangenen Geschehen festhält und damit unfähig wird, in der Gegenwart richtig zu leben.

Wir sprechen darüber, wie wichtig und lebensnotwendig es ist, sich nicht nur selbst anzunehmen, sondern sich selbst auch zu vergeben. Was gibt es Größeres, als wenn der Herr mit uns zusammen das Kreuz trägt und uns im Sakrament der Versöhnung und in der Feier der Eucharistie Vergebung schenkt. „Dann nahm er den Kelch, sprach das Dankgebet und reichte ihn seinen Jüngern mit den Worten: Trinkt alle daraus; das ist mein Blut, das Blut des Bundes, das für viele vergossen wird zur Vergebung der Sünden" (Matthäus 26,27–28).

Ausgleich finden

Wir sollten achtgeben und uns nicht übermäßig vielen Reizen und Eindrücken aussetzen, besonders dann, wenn unser Nervensystem erste Störungen signalisiert. Ich kenne Menschen, die trotz Störungen, die sie überhören, sich einer ungeheuren Reizüberflutung durch zu viel Fernsehsendungen aussetzen. Die unendlich vielen Eindrücke, die sie empfangen, müssen verarbeitet und somit gelöst werden. Ein Mensch wird krank, wenn er keine Möglichkeit hat, in Ruhe sich auszudrücken, Empfangenes – ganz gleich in welcher Form – entweder weiterzuschenken oder einfach loszuwerden. Vieles wird zwar in Träumen ausgedrückt und verarbeitet, doch reicht dieser Vorgang keineswegs aus, das überfrachtete Nervensystem und das Bewußtsein von allen besetzenden und belastenden Eindrücken zu befreien.

Es gibt wunderbare Wege, sich den notwendigen Ausdruck zu verschaffen, damit die Persönlichkeit reifen und unsere Seele eine größere und tiefere Innerlichkeit erfahren kann, die ihr Erfüllung bringt. Der Schöpfer breitet alles Geschaffene vor uns aus und bittet uns, heilsam damit umzugehen. Viele Menschen finden Ruhe und Ausgleich in der Natur, durch ein einfaches Leben – vornehmlich aber und immer wieder durch eine Gebetsweise, die keine Leistung von uns verlangt, sondern nur ein ruhevolles Wachsein vor Gott.

VERSICHERT?

Die Schriftstellerin Marie Luise Kaschnitz schreibt: „Ich bin gegen allerlei Unbill, allerlei Schäden versichert. Weshalb der Fluß ruhig über seine Ufer in meinen Keller treten, der Sturm mein Dach abdecken, der Hagel meine Scheiben zerschlagen, der Gast meine Treppe hinunterfallen, das Nachbarskind sich auf den Lanzen meines Gartengitters aufspießen kann. Meine Reisen sind versichert, meine Kleider, mein Hausrat. Mein Körper ist gegen Krankheit, mein Grab gegen Vernachlässigung, meine Zähne gegen Karies versichert … Selbstverständlich bin ich nicht nur gegen Unfälle unterwegs, sondern auch gegen Sonntagsschwermut und Einsamkeit versichert."
Bei aller Ironie, die aus dieser Aufzählung spricht, besteht doch in unserer Gesellschaft die Notwendigkeit, wenigstens einige Versicherungen abzuschließen. Wie würden wir bei einem Autounfall oder Krankenhausaufenthalt finanziell zurechtkommen, wenn wir nicht versichert wären! Doch bei all den vielen Versicherungen, die uns angeboten werden, stellt sich die Frage: Welche letzte Sicherheit gibt es für mich wirklich in meinem Leben? Worauf und auf wen kann ich mich verlassen?
Du darfst dich glücklich schätzen, wenn du einen geliebten Menschen hast, auf den du dich verlassen kannst. Du kannst ihm bedenkenlos alles anvertrauen, denn du bist dir seiner uneingeschränkten Zuwendung sicher. Aber auch diese Sicherheit kann ins Schwanken geraten, wenn der geliebte Mensch krank wird oder gar stirbt. Frage dich daher: Was ist der letzte Grund deiner Sicherheit? Auf wen kannst du dich absolut verlassen? Was gibt dir Hoffnung und Halt in deinem eigenen Tod, und wie kannst du ihn überwinden?

Viele Menschen müssen es wieder neu lernen, für Momente aus der Unruhe ihres Alltags auszusteigen, um in der Ausrichtung auf den Schöpfer die eigentliche Sehnsucht ihrer Seele zu erfahren. Die mit dieser Sehnsucht verbundene gute Unruhe hat das Ruhen in Gott zum Ziel. Wenn wir bereit sind, den ersten Schritt zu tun, gewährt uns Gott bereits hier und jetzt sein liebendes Entgegenkommen und bietet uns in seinem Sohn Jesus Christus das Fundament ewiger Liebe an, auf das wir bauen und uns allezeit verlassen können. Diese letzte Sicherheit wird zu einer tiefen Erfahrung, die alle diesseitigen Grenzen sprengt.

Zeit investieren

Wenn ich in Gesprächen den Rat gebe, mehr und regelmäßig zu beten, bekomme ich häufig zur Antwort: „Dazu habe ich aber die Zeit nicht!" Wir gehen dann einen Tages- oder Wochenablauf durch, und ich frage zwischendurch absichtlich nach Unwesentlichem. Und siehe da: Zeit ist jedem geschenkt. Die Frage ist jedoch: Womit fülle ich sie? Was hat Vorrang und was muß dem zur Folge unerfüllt bleiben? Wie viele Dinge stellen sich beim genauen Betrachten heraus, auf die man ohne weiteres verzichten kann, so daß genügend Zeit für das Beten zur Verfügung steht? Man liest aus Neugierde etwas, was man bereits weiß, oder man schaut sich zum wiederholten Mal die Nachrichten im Fernsehen an; die Körperpflege wird unnötig lang ausgedehnt; es wird über Verwandte, Nachbarn oder andere Menschen schlecht geredet; man kauft wesentlich mehr ein, als auf dem Einkaufszettel steht; aus Müdigkeit gerät man in Tagträumerei; vor Sorgen kann man nicht einschlafen und vieles mehr.

Das Höchste, und das ist der Schöpfer und meine Beziehung zu ihm, sollte an der ersten Stelle stehen. „Euch aber muß es zuerst um sein Reich und um seine Gerechtigkeit gehen; dann wird euch alles andere dazugegeben" (Matthäus 6,33). Zeit haben wir alle gleich zur Verfügung, doch womit verbringen wir sie?

„Die hl. Theodora sagte: ,Wenn jemand Gold oder Silber verliert, kann er wiederum anderes Gold oder Silber erwerben, anstatt des Verlorenen. Wer aber die Zeit seines Lebens in

Nichtigkeit verbringt, der verliert diese Zeit und kann sie nicht mehr zurückerwerben. Er wird es in der Stunde seines Todes sehr bereuen, denn er wird einen Anteil beim Teufel haben'" (Meterikon, 65–66).

Der Weg, den Christus uns weist

In der Nachfolge Christi gab und gibt es immer wieder Menschen, die nicht nur die Erinnerung an Christus wachrufen und uns nicht vergessen lassen, was seine Liebe vermag. Sie leiten uns auch an, konkret den Weg des Heils und der Gnade zu gehen. Christus stellt im Neuen Bund die unmittelbare Verbindung zu seinem und unserem Vater wieder her, so daß wir jederzeit die Möglichkeit der Rückkehr und – wenn es geboten ist – auch der Umkehr haben.

Durch, mit und in Christus können wir die unbewegte Ruhe erfahren, die der wahrnehmbaren Wirklichkeit zugrunde liegt. In ihm finden wir nach Vergebung und Wiederherstellung der Schöpfungsordnung in uns Erfüllung unseres Lebens und den inneren Frieden, den die Welt nicht zu geben vermag. Diese Erfahrung des Göttlichen muß eingeübt werden, da uns nur allzu leicht Vergängliches bindet und wir dazu neigen, Gutes, Erfüllendes und damit die Erfahrung des Unvergänglichen zu vergessen.

Lebensmelodie – annehmen und weitersingen

„Nehmt Gottes Melodie in euch auf", schreibt Ignatius von Antiochien um das Jahr 107 an die Gemeinde von Ephesus, „so werdet ihr alle zusammen zu einem Chor, und in eurer Eintracht und zusammenklingender Liebe ertönt durch euch das Lied Jesu Christi. Das ist das Lied, das Gott, der Vater, hört – uns so erkennt ihr euch als die, die zu Christus gehören" (Die Apostolischen Väter, 145).

Der Schöpfer hat für jeden eine Stimme, eine Lebensmelodie. Und wenn jeder die ihm zugedachte Melodie Gottes wirklich hört und in sich aufnimmt, dann entsteht im Zusammenklang aller Stimmen eine Symphonie, ein Liebeslied, das nie endet. Die Liebe erfindet immer neue Melodien. Manchmal kann man erst in einer Krise oder einer Krankheit die uns von Gott zugedachte leise Melodie besonders gut verstehen; manchmal ist sie uns unheimlich fremd und schwer nachzusingen. Doch Gott möchte, daß ich meine Melodie weitersinge mit anderen zusammen. Es soll eine Symphonie werden, in der jeder seine eigene Lebensmelodie einbringt. „In eurer zusammenklingenden Liebe ertönt durch euch das Lied Jesu Christi."

Immer wieder gibt es geisterfüllte Menschen, die durch das Spielen und Singen ihrer Lebensmelodie auch uns den Ton angeben, so daß im Gleichklang die verborgene Dimension Gottes, seine liebende Strahlkraft, durchdringen kann. Im Mitsingen und gleichzeitigen Hören trägt uns diese göttliche Kraft über uns hinaus in eine andere Welt, die inmitten der unseren lebendig werden möchte.

TRAUER, DIE NICHT ZU ENDEN SCHEINT

Du sagst, ein eigenes Kind zu verlieren ist weitaus schlimmer als den Ehepartner. Deine Trauer will nicht enden. Du hältst deinen Schmerz fest, als ob er an deines Sohnes statt fortleben soll. Jeglicher Trost, den man dir zu spenden versuchte, ist wirkungslos an dir vorübergegangen. Selbst die Zeit, von der man sagt, daß sie Wunden heile, hat nichts bewirkt. Du hast das Trauergewand deiner Seele keinen Augenblick abgelegt und versagst dich dem Leben. Anderen Kindern gegenüber entziehst du deine Aufmerksamkeit und lehnst sie sogar ab. Durch all das bestrafst du dich selbst und vermehrst dein Leid und deine Trauer.

Gibt es denn rein gar nichts, was dich aufrichten und erhellen könnte? Du darfst und kannst dein Leben nicht länger in Dunkelheit und Einsamkeit verbringen. Ein altes Wort sagt: „Der betrauert die Toten, der nach ihrem Wunsche lebt." Denke an deinen Sohn und gib ihn frei. Binde ihn durch deine Trauer nicht länger an dich selbst und diese Welt. Wenn du aus wahrer Liebe für ihn betest – und immer wieder für ihn betest –, daß seine Seele Ruhe und ihre Heimat in Gott finde, wirst auch du ruhiger und lebst aus der Gewißheit, ihn einmal wiederzusehen.

ÜBER DEN TOD HINAUS

Eltern beklagen sich über ihre Kinder, daß sie nicht zur Kirche gehen, unverheiratet zusammenleben und keine Spur eines religiösen Lebens zeigen. Manche Eltern leiden so sehr darunter, daß sie krank werden. Sie können viele Verhaltensweisen ihrer Kinder nicht verstehen, obwohl sie versucht haben, ihren Kindern eine christliche Grundlage mit auf den Weg zu geben.

Können wir etwas wiedergutmachen, wenn wir erst nach dem Tod eines Menschen erkennen, wer er in Wirklichkeit war? Fünf Jahre während des Krieges verbrachte ich im Haus meiner Großmutter. Es waren Jahre der politischen und materiellen Not. Trotz der Wirren gab mir diese Frau Schutz und förderte meine Entwicklung. Sie sorgte dafür, obwohl sie selbst evangelisch war, daß ich Kommunionunterricht erhielt, und am Tag der ersten heiligen Kommunion bereitete sie mir ein Fest. Oft, wenn es ihr schwer wurde, mit Entbehrungen zu leben, deutete sie mit ihrer Haltung eine weite Dimension an: Sie meinte, vom Verzicht des einzelnen hänge das Überleben der gesamten Menschheit ab. In vielem habe ich sie damals nicht verstanden und bin oft, ihr zum Trotz, meine eigenen Wege gegangen.

Ihr Vorbild jedoch, vornehmlich ihre religiöse Haltung, wirkte prägend auf mich. So, wie sie mich praktische Dinge lehrte, so lehrte sie mich auch, zu beten. Zusammen besuchten wir den Gottesdienst, und nie hörte ich ein schlechtes Wort, das sie über andere sagte. Dieses aussprechen und zulassen konnte ich allerdings erst viele Jahre nach ihrem Tod. Sie führte mich zur Aufrichtigkeit und Lebenswahrhaftigkeit. Ihr großes offenes Herz, ihre Lebensweisheit und ihre Güte nahm ich als selbstverständlich hin. Und wie grob habe ich sie manchmal in meinem Übermut behandelt! Dankbar blicke ich heute auf ihr Leben zurück. Sie ließ mich erfahren, daß ich von ihr, den Mitmenschen und letztlich auch von Gott angenommen und geliebt bin. Durch ihre erfrischende Herzlichkeit, durch ihre liebende Zuwendung und nicht zuletzt durch ihren festen Glauben hat diese Frau es verstanden, den Grundstein zu legen für ein tragendes und religiöses Fundament in meinem Leben.

Eigenwillige Umwege und manche Abstürze waren jedoch nicht in der Lage, dieses Fundament in mir zu löschen. Zur rechten Zeit in meinem Leben wurde mir seine tragende Kraft und seine Lebendigkeit bewußt, und ich habe lernen müssen, in mich zu gehen, um aus dieser göttlichen Quelle mein Fühlen, Denken und Tun neu zu gestalten.

RÜCKKEHR ZU GOTT

Alle Seelen sind ihrer Natur nach unbelastet und von Gottes Strahlkraft durchdrungen. Keine von ihnen war böse, als sie aus der Hand des Schöpfers allen Seins hervorging. Viele jedoch wollten selbst sein wie Gott und erhoben sich gegen ihn. Auf ihrem Weg in das ihnen von Gott zugedachte Leben machten sie weltliche Ziele zu ihrem individuellen „Gott". Als Eltern gaben sie diese Einstellung durch Vorbild und Erziehung an ihre Kinder weiter, so daß gestärkt durch schlechten Umgang und entsprechendes Reden und Tun viele Menschen in einem solchen Grad verdorben wurden, daß die Sünde in ihnen gleichsam zur anderen Natur wurde.

Es ist jedoch nicht nur möglich, sondern nicht einmal besonders schwierig, diese zur Natur gewordene ungute Wesensveränderung aufzuheben. Dies geschieht, wenn der über allem waltende Gott als Schöpfer des Himmels und der Erde anerkannt wird und der somit zu Gott Zurückkehrende bereit ist, sein Leben immer wieder vertrauensvoll in die Hände Gottes zu legen. Einsicht, Gebet und guter Wille, verbunden mit Übung, vermögen viel.

Sei offen für Gott!

„Nichts ist schwer, sind wir nur leicht"

Dieses Wort von Richard Dehmel (1863–1920) hat nichts mit Leichtsinn oder Leichtfertigkeit zu tun. Es ist vielmehr jene eingeübte Leichtigkeit und Gelassenheit gemeint, mit der ein Mensch den schweren Herausforderungen und Belastungen des Lebens begegnen sollte. Wer sich auf die Kunst des Leichtseins versteht, wird leichter das Schwere ertragen können. Man wird „leichter", wenn man sich nicht so wichtig nimmt. Wir übernehmen und überheben uns nur, wenn wir die unbestreitbare Schwere des Daseins ganz allein auf unsere eigenen Schultern nehmen wollen.

„Nichts ist schwer, sind wir nur leicht" ist auch ein Wort, das Papst Johannes XXIII. (1881–1963) oft gebrauchte. Er sagt, daß vieles schwer ist, weil wir es schwernehmen. Im Glauben an Gottes Geist, der in der Welt und in jedem Menschen wirkt, dürfen wir davon überzeugt sein, daß Gott alles zum Guten führt. Der Geist Gottes ist es, der uns leicht macht. Er läßt uns spüren, daß wir mit uns selbst im Einklang sind, und führt uns zu einer positiven Sicht des Lebens, so daß wir es bejahend annehmen können. Selbst wenn das Leben schwer wird, ist es der Geist Gottes, der uns neue Zuversicht und Vertrauen schenken möchte, um es zu meistern. Obgleich Papst Johannes XXIII. das Dunkle, Böse und Leidvolle in der Welt kannte, blieb er immer hoffnungsvoll. Er glaubte an einen liebenden Gott und traute seinem Geist mehr zu als dem Ungeist, der immer neu versucht, in der Welt zu wüten. Dieser Glaube muß uns leicht sein lassen, damit uns das Leben nicht schwer macht.

Gottes Heilsplan erkennen

Dem durch Gebet und Hingabe in die Weisheit und Herrlichkeit Gottes Eingeweihten wird bewußt, daß er in der großen schöpferischen Heilsordnung einen wichtigen Platz einnimmt, der ihm zur doppelten Aufgabe wird. Er weiß, daß er sich einerseits dem Heilsangebot Gottes nicht mehr versagen darf und alles daran setzen sollte, es anzunehmen. Gleichzeitig spürt er die Notwendigkeit, die ihm geschenkte Gabe an andere weiterzureichen, damit auch der Nächste die Chance der ihm gemäßen Weiterentwicklung ergreifen kann.

Die Hingabe des eigenen Willens an Gott üben wir im Gebet. Durch tiefe Ruhe wird alles, was einer Verbindung und Verbundenheit zu Gott im Wege steht, aufgelöst. Wir werden offen für den Schöpfer und somit zu Empfangenden. Ganz nach seinem Willen schenkt Gott uns die Gaben, die er speziell für einen jeden von uns vorgesehen hat. Wenn es uns gelingt, die empfangene Gabe zu erkennen und sie zu unserer Aufgabe zu machen, erhalten wir Einsicht in den Heilsplan Gottes und werden somit zu Eingeweihten.

Das Geheimnis seiner Vorsehung

Allen großen und einschneidenden Ereignissen gehen Zeichen voraus oder Vorankündigungen. Ich war Mitte Zwanzig und verbrachte zwei Wochen Herbstferien zusammen mit meinem Vater auf einem Boot, das im Hafen von Travemünde lag. Vater fuhr leidenschaftlich gern zur See und genoß alles, was uns begegnete – und waren es die Sterne, die am Nachthimmel über dem Hafen funkelten. Am Tag fuhren wir auf die Ostsee, Vater angelte Makrelen, die er als Mittagessen wundervoll in Butter gebraten zubereitete. Ich hatte eine Reiseschreibmaschine mitgenommen und schrieb an meiner Diplomarbeit im Fach Psychologie. Selten habe ich mit Vater so gute Gespräche geführt – tags an Deck oder abends beim Schein der Petroleumlampe in der Kajüte. Vater, Ende Fünfzig, war zeitlebens ein aktiver Mann, der nach der Zerstörung durch den Krieg viel auf die Beine gestellt hatte. Jetzt aber war genügend Zeit da für uns beide …

Das Boot hatte zwei Kajüten; in der einen schlief Vater, in der anderen ich. Eines Nachts sehe und höre ich eine Pendeluhr. Sie hängt an der Wand, und das Pendel geht seinen gewohnten Rhythmus. Auf einmal wird die Uhr größer und kommt auf mich zu. Das Pendel schlägt schneller und schneller und das Geräusch des Schlagens wird immer lauter – unerträglich laut, hektisch und schrill. Alles geschieht außerordentlich schnell – bis ganz plötzlich das Pendel mit einem ohrenbetäubenden Lärm aufhört zu schlagen. Ich muß entsetzlich geschrien haben, denn Vater saß kurz darauf auf meinem Bettrand und hielt meine Hände und beruhigte mich. Ich hatte ihm nicht viel zu erzählen, nur von der Uhr, die mich so entsetzlich aufgeschreckt hatte. Doch dann wurde mir bewußt, daß Mutter etwas passiert sein müsse. Sie blieb lieber zu Hause, als auf einem engen Boot Tag und Nacht zu verbringen. Vater versprach mir, gleich in der Frühe Mutter anzurufen, um sich nach ihrem Befinden zu erkundigen. Er beruhigte mich und mahnte, nicht zu viel Psychologie auf einmal zu betreiben.

Als ich am nächsten Morgen Mutters fröhliche Stimme hörte, erzählte ich ihr nichts von der Uhr. Ich mußte Vaters Bedenken recht geben. Es folgten erholsame Tage an Bord unter strahlender Sonne auf bewegter See und kühle Nächte unter sternklarem Himmel. Ich war jung, und wahrscheinlich gehört es dazu, daß man Unangenehmes schnell vergißt.

Nur kurze Zeit nach unserer wunderbaren Bootsreise schellte es mittags, und an der Tür stand mein Onkel, der uns die Nachricht von Vaters Unfalltod brachte. Vater war an diesem Sonnabend schon früh morgens zur Ems gefahren, um zu angeln. Auf der Rückfahrt – niemand hat es gesehen – ist er mit seinem Auto in einer leichten Rechtskurve vor einen Baum gefahren. Er muß sofort tot gewesen sein – vielleicht war es auch ein Herzschlag, als er noch fuhr ...

In meiner Not besuchte ich um sechs Uhr die Frühmesse und weinte. Tief innen hatte ich ein Gefühl, als ob ich all das schon einmal durchlitten hätte. Hat Gott, der liebende Vater, mich im voraus gestärkt, um die Wirklichkeit ertragen zu können? Ich bin fest davon überzeugt, daß es so war, wenngleich die Stärkung mir den Schmerz über den Verlust von Vater nicht genommen hat.

Wir gehen einen Schritt in unserer geistigen Entwicklung zurück, wenn wir uns den göttlichen segensreichen Kräften aus freiem Willen versagen. Trotzdem bleibt das Heilsangebot Gottes immer für uns zugänglich. Wir können es jederzeit wieder annehmen. Aber: Gott zwingt uns nicht.

Öffnen wir uns dagegen der göttlichen Gnade, dem Liebeswerben Gottes, erfüllt er unsere Seele mit Licht und Liebe. Wir wissen uns von Gott geliebt, weil wir ihn liebend erfahren. In unserer Seele beginnt ein Dialog mit Gott; sie spricht mit ihm so vertraut wie ein Kind mit dem eigenen Vater, den es über alles liebt.

BEREITUNG, UM GABEN ZU EMPFANGEN

Sowohl dein Verstand als auch dein Wille sind nicht in der Lage, die Gnade und die damit verbundenen göttlichen Tröstungen an sich zu ziehen. Gott spendet sie wann und wem er will, ohne sie jedoch vorher anzukündigen. Er allein hat uneingeschränkten Zugang zu unserer Seele und kann sie besuchen und berühren, wann immer er will. Es liegt einzig an uns, sich für sein Kommen zu bereiten, das heißt, die notwendigen Vorkehrungen zu treffen, um diesen hohen und höchsten Besuch würdig zu empfangen. Dazu gehört, daß wir Gott als unseren Schöpfer und Heiland anerkennen, ihm und seinem geheiligten Namen die Ehre geben, uns nach ihm ausrichten und ihn im Gebet anrufen. Wenn wir dies immer und immer wieder vollziehen, wird unser Inneres ganz von selbst frei von allen Mißhelligkeiten und Widerständen, die dem Einfließen des göttlichen Lichtes und der Gnade im Wege stehen.

Nur unter diesen Voraussetzungen können wir die Einkehr Gottes in unsere Seele wahrnehmen und die Gaben empfangen, die er für uns bereitet hat und uns schenken möchte. In wieviel Seelen möchte Gott einkehren und Wohnung finden, die sich jedoch nicht für ihn bereitet haben und ihn somit wegen der aufgeschichteten Hindernisse ausschließen.

Ist es nicht tröstlich, eventuell zuerst von anderen zu erfahren, welch gute Eigenschaften sich in dir entfaltet haben, die auch deinen Mitmenschen Hilfe, vor allem aber Gnade, vermitteln? Du darfst sicher sein, daß du dich auf dem rechten Weg befindest. Zu dieser nach außen gerichteten Bewegung kommt eine vorrangige, nach innen gerichtete Bewegung. Hierüber zu sprechen war und ist den Mystikern eigen. Entweder versuchen sie, ihre mystischen Erfahrungen in der jeweils eigenen Sprache und Zeit auszudrücken, oder sie schweigen darüber, denn sie wissen, daß die Gnade Gottes alles ganz von selbst auszudrücken vermag – menschliche Worte dagegen vermögen nur sehr wenig.

Durch Gnade und deine Unterstützung dieser Gnade wird die Seele aus ihrem zum Teil verschatteten Dasein ins Licht gerufen. Dabei entwickelt sich das ihr eingeprägte Bild des Göttlichen und beginnt, in alle deine Bereiches des Daseins hinein auszustrahlen. Die wohl wichtigste Beziehung in deinem Leben – die Beziehung zu Gott – wird als erstes belebt. Du nimmst eine dir geschenkte Liebe zum Schöpfer wahr, die die unbändige Sehnsucht hat, weiter zu wachsen. Erfüllt von dieser Liebe bist du befähigt, Probleme zu lösen, aufgeschichtete Hindernisse zu überwinden und einfacher und Gott hingegebener zu leben.

Habe keine Angst, wenn sich dir diese liebende Zuwendung Gottes für eine kurze Zeit wieder entzieht. Dies geschieht zwischenzeitlich immer wieder notwendigerweise, um deine noch engen Grenzen zu sprengen, damit das Gefäß deiner Innerlichkeit eine noch größere von Gott geschenkte Liebe aufnehmen kann. Du darfst die maßlose Hoffnung entfalten, vom Schöpfer immer intensiver und stärker geliebt zu werden. Auf dem Fundament dieser inneren Bewegung wächst dein Glaube und wird nach außen sichtbar, wenn du den Mut aufbringst, ihn auch in deinem Alltag zu bekennen und zu leben.

EWIGE ZUWENDUNG GOTTES

Erfährst du Zuwendungen des Himmels, also göttlichen Trost, sei dankbar für dieses Geschenk an dich und bleibe in allem bescheiden. Du kannst diese Gaben von dir aus willentlich weder herbeiführen noch erzwingen. Sie sind freie Zuwendungen des Schöpfers, die aus seinem liebenden Herzen zu dir strömen. Besteht jedoch bei dir die Gefahr, sie als selbstverständlich hinzunehmen, werden sie dir allzu bald wieder entzogen. Sei dankbar und denke an vergangene Zeiten oder auch an zukünftige, die trostlos für dich waren oder gar sein werden. Wie unendlich dankbar wärest du für die kleinste liebevolle Zuwendung, die dir in deine Dunkelheit Licht bringen würde.

Aber auch in Zeiten der Dunkelheit steht dir Gott zur Seite, bereit, dich nicht fallenzulassen. Der Unterschied zu Zeiten, in denen du die Nähe Gottes spürst, besteht darin, daß du sie während einer Trostlosigkeit nicht wahrnimmst. Gott ist zwar bei dir, doch durch trennende Hindernisse kommt es dir vor, Gott habe dich verlassen. Er hat immer freien Zugang zu deiner Seele und kann jederzeit Liebesimpulse in ihr wecken, die dich wieder zu ihm hinziehen und dich erfüllen. Dazu bedarf es durchaus keiner Anstrengung oder eines guten Tuns deinerseits. Gott bewegt deine Seele, spendet ihr Gnade und schenkt ihr liebevolle Zuwendung – ganz nach seinem Ermessen und ohne dieses vorher anzukündigen.

WER SICH AN GOTT HÄLT, DEM FEHLT NICHTS

Bist du auf einem geistlichen Weg, der dir nicht nur Freude bereitet, sondern dich auch weiterbringt, dann schätze dich glücklich. Du wirst erfahren, daß es Augenblicke gibt, in denen dein Leben schon hier und jetzt das Diesseits übersteigt und Ewiges berührt. Somit empfängst du Kraft und Gnade, die es dir ermöglichen, ja sogar erleichtern, eine vielleicht beschwerte, schmerzhafte oder trostlose Zeit anzunehmen und zu überstehen.

Hättest du diese lebendige Verbindung zu Gott, deinem Schöpfer, nicht, wärest du wie ein vom Baum abgetrenntes

Blatt, das je nach Windrichtung in diese oder jene Himmelsrichtung geblasen wird. In der Liebe, ja, in der ewigen Liebe verwurzelt zu sein, gibt dir eine Ausrichtung auf Gott und läßt dich niemals wanken. Du trägst nichts Böses nach, sondern erfreust dich an der Wahrheit; du hältst den widergöttlichen Anfeindungen und Versuchungen stand, du verstehst weiträumige, ja, sogar kosmische Zusammenhänge und du darfst Einblick nehmen in göttliche Offenbarungen.

IM EINKLANG SEIN

Jedem wahrhaft geistlichen Weg sowie auch vielen körperlichen Wegen ist es eigen, zuerst Körper, Geist und Seele von allem unnötigen Ballast zu befreien. Ganz allmählich erfahren wir, daß wir immer stärker und tiefer in einen Gleichklang kommen mit den guten Schwingungen innerhalb der Schöpfung. Ein Gefühl von Freiheit breitet sich aus, und das Herz wird weit. Diese Entwicklung – vorausgesetzt wir unterstützen sie durch unser Gebet der Hingabe an Gott und durch das Leben förderndes Tun – schreitet fort, bis wir einen immer größer werdenden Einklang mit dem göttlichen Plan und dem Willen Gottes spüren. Es gelingt uns hier und jetzt, Dinge zu bewirken, die ans Wunderbare grenzen.

Findet zum Beispiel die Schwingung unseres Herzens einen Gleichklang zu den vom Geist gewirkten Aussagen der Heiligen Schrift, erkennen wir die jeweils zum Ausdruck gebrachte göttliche Wahrheit in uns selbst wieder, so daß uns das erhebende Gefühl überkommt, selbst der Verfasser dieser Wahrheit zu sein.

SICHTBARWERDEN DER UNSICHTBAREN WIRKLICHKEIT

Ist es nicht eine lohnende und faszinierende Aufgabe, wieder fähig zu werden, die sichtbare Schöpfung in ihrer unendlichen Schönheit und Harmonie so wahrzunehmen, wie sie von Gott ins Leben gerufen wurde und wird? Wir nähern uns damit dem Schöpfer selbst, von dem in diesem Zusammenhang Paulus sagt: „Seit Erschaffung der Welt wird seine unsichtbare Wirklichkeit an den Werken der Schöpfung mit der Vernunft wahrgenommen, seine ewige Macht und Gottheit" (Römer 1,20). Welch wunderbare Wege eröffnet uns da die Schöpfung, indem sie uns zu ihrem Urgrund, dem Schöpfer, zurückführt!

Wo auch immer du bist: Du kannst durch alles von Gott Geschaffene Kontakt zu ihm aufnehmen und dich ihm nähern. Auf diesem Weg wirst du erstaunliche Entdeckungen machen, denn Gottes Schöpfung gewährt dir Einblick in die unsichtbare Harmonie verborgener Welten. Dies kann visuell, akustisch oder auch rein emotional geschehen. Deine Freude, dich Gott nähern zu dürfen, ist unaussprechlich. Für viele Menschen ist es jedoch schwer zu begreifen, daß – je näher sie an die letzte Wahrheit herangeführt werden – alles sich so sehr vereinfacht, daß man es nicht für möglich und wahr hält. Hier besteht die große Gefahr, die sich immer intensiver offenbarende Wahrheit nicht mehr als göttliches Geschenk anzunehmen, da man meint, das Wesentliche müsse komplizierter sein. Hinzu kommt noch die falsche Annahme, der Mensch müsse sich durch eigene Leistung und anstrengendes Tun Einblick in die verborgenen Schöpfungswelten erarbeiten – wobei doch alles reines Geschenk der uns entgegenkommenden Liebe Gottes ist.

GRENZENLOSE ZUGEHÖRIGKEIT

In jedem Leben gibt es spontane Einwirkungen des Göttlichen. Sie werden uns immer und immer wieder geschenkt. Oft bemerken wir diese sogenannten mystischen Momente nicht einmal gleich, sondern sie kommen erst viel später zur Wirkung, wenn wir Krisen zu bestehen oder Übergänge von einem Lebensabschnitt in einen anderen zu vollziehen haben. Wir dürfen darauf vertrauen, daß Gott uns liebt und uns niemals aus seiner behütenden und beschützenden Hand fallenläßt. Viele Menschen leben aus dieser Hoffnung, ohne daß sie bewußt mystische Erfahrungen gemacht haben. Andere wiederum – und ihnen dürfen wir ebenfalls glauben – berichten von diesen konkreten Lebenserfahrungen, die mit der höchsten Wirklichkeit zu tun haben.

Es ist für jeden tröstlich zu wissen, daß Gott für uns bereits in dieser Welt Momente überwältigender, grenzenloser Zugehörigkeit vorgesehen hat, Augenblicke universellen Einsseins mit ihm, die erfüllt sind von einem unendlichen Strom überfließender Liebe. Wir dürfen fest darauf vertrauen, daß diese überreiche Gnadenzuwendung das für uns jetzt noch unmöglich Erscheinende möglich machen wird. Mystische Erfahrungen, die jedem geschenkt werden – vorausgesetzt, er läßt sie auch zu –, haben etwas gemeinsam mit der Erfahrung des liebenden Miteinander.

Nicht ausbrennen

Um nicht von der sich immer verändernden Welt und ihren Kräften mitgerissen zu werden, bedürfen wir einer Verankerung in der sich nicht verändernden ewigen Welt. Die Gefahr ist groß, sich den verschiedensten Verlockungen hinzugeben, die dann mit uns machen was sie wollen: Haltlos werden wir einmal hierhin und einmal dorthin getrieben. Bis der Mensch merkt, was wirklich mit ihm geschieht, kann viel Zeit vergehen, und körperliche oder seelische Krankheiten können sich bereits eingeschlichen haben. Ausschließlich in der vergänglichen Welt zu leben, verzehrt den Menschen wie eine brennende Kerze, die so lange von ihrer Substanz Leuchtkraft entwickelt, bis sie erlischt.

Um wahrhaft und erfüllt leben zu können, müssen wir immer neu aus der Quelle ewigen Lebens schöpfen, die tief in unserer Seele verborgen ist. Nur allein die Einsicht in diese Zusammenhänge genügt nicht: Ich muß mich aufmachen, um diese Quelle in mir zu finden. Doch dazu bedarf ich der Wegweisung der Menschen, die auf dem rechten Weg sind, oder derjenigen, die bereits die sprudelnde Quelle in sich entdeckt haben und vom Wasser ewigen Lebens trinken. Über allen steht jedoch Jesus Christus, der uns durch seine Lehre und sein Leben diesen Weg nicht nur zeigt, sondern auch offenbart.

Wenn dann himmlische Kräfte in unserer Seele erwachen und wir diese bewußt wahrnehmen, wächst eine unbändige Sehnsucht nach geistigem Leben und tieferer religiöser Erkenntnis und gleichzeitig die Fähigkeit, unser Leben zielgerichteter und verantwortungsvoller zu gestalten. Obwohl wir in einer ständig sich verändernden äußeren Welt leben, sind wir – ohne durch Besonderheiten aufzufallen – in der ewigen so fest verankert, daß kein Sturm, und mag er noch so gewaltig sein, uns aus der Verwurzelung in Gott reißen kann.

HINGABE SCHAFFT RETTUNG

Der wahrhaft Betende öffnet sich mehr und mehr dem Schöpfer. Indem er alles aus der „Hand" legt, auch seine Gedanken, Vorstellungen und Gefühle, wird er zum Empfangenden der liebenden Gnade Gottes. Dieses Sich-Aushändigen fällt vielen Betenden noch sehr schwer, denn sie wissen vorher nicht, was sie sich damit einhandeln. Die geöffnete Hand, die hier auch Symbol unserer Innerlichkeit ist, mußte beim Öffnen alles loslassen, was sie vorher festhielt, weil es ihr lieb und teuer war. Das ist wahre Hingabe, alles abzugeben, ja, auch sich selbst, und es vertrauensvoll in die Hände Gottes zu legen. Jesus ist uns diesen Weg einzigartiger Hingabe in vollendeter Weise vorausgegangen, um uns den verschlossenen Himmel durch den Neuen Bund für immer zu öffnen. Er hält uns noch vom Kreuz her seine ausgestreckten Hände entgegen, und selbst auf dem Weg nach Golgatha hat er sie nicht in Auflehnung zu Fäusten geballt.

Nur mit geöffneten Händen können wir die Gabe empfangen, die Gott für uns vorgesehen hat. Diese Gabe wird jetzt für uns zur Aufgabe: Wir erfahren einen Auftrag, für den wir in dieser Welt dringend gebraucht werden. Doch wieviel Selbstverschlossenheit und zu Fäusten geballte Hände lassen ein Empfangen nicht zu? Das Sich-Verschließen und auch das angstvolle Festhalten verhindert jegliche wahre Begegnung und ist Ursache gefährlicher Krankheiten.

Nur im vertrauensvollen Loslassen und im bereitwilligen Empfangen dessen, was uns zugedacht ist, liegt das heilbringende Wagnis unserer Existenz vor dem Urgrund der Schöpfung, der Liebe ist. Hingabe schafft Rettung.

Um innerlich gefestigt, erfüllt und in Harmonie zu sein, um in der oft harten Lebensrealität zu bestehen, um auch andere Menschen mittragen und uneigennützig lieben zu können, bedarf es in erster Linie des Sich-Öffnens für Gott. Doch wie kann ich ein Offensein für Gott erreichen, ohne dabei an mich selbst zu denken?

• Zunächst den anderen mit seinen Sorgen und Bedrängnissen in den Blick nehmen – das sprengt den eigenen Egoismus.

• Eine wesentliche Voraussetzung ist das Verzeihen von Unrecht, das man uns angetan hat. Je feinfühliger wir durch die Hinwendung zu Gott werden, desto mehr Gespür werden wir auch dafür bekommen, wem und auf welche Weise wir vergeben müssen.

• Im Erspüren und Wahrnehmen dessen, was wir in unserem Leben an Gutem empfangen haben, wird sich ein Gefühl tiefen Dankes an Gott einstellen. Danksagungen sind liebende Schwingungen des Herzens der Größe Gottes gegenüber aufgrund empfangener Geistesgaben. Dank öffnet uns den Weg zu Gott.

• Wie wir das Brot als körperliche Nahrung in uns aufnehmen und dadurch neue Kraft und Lebensenergie erhalten, so gibt das lebendige und vom Himmel herabgekommene Brot dem Geist und der Seele neue Lebenskraft.

• Sind wir dazu bereit und annähernd in der Lage, die Weisungen Jesu aus der Bergpredigt zu erfüllen, öffnet sich damit der Himmel, und wir kommen dem Schöpfer näher.

• Die größte Erfüllung erfahren wir, wenn sich der Wille Gottes mit unserem Willen eint. „Mir geschehe, wie du es gesagt hast", so betet Maria am Beginn des Christusereignisses, und so beten wir in der dritten Vaterunser-Bitte. Jesus betet am Ölberg und am Kreuz, daß sich der Wille des Vaters an ihm vollziehen und vollenden möge.

Ich muß noch sehr jung gewesen sein, als ich ein „Wunder" bewußt erlebte, denn ich kann mich heute noch genau an die Einzelheiten erinnern. Niemand hat je mit mir darüber gesprochen. Wenn Mutter an der Nähmaschine arbeitete, setzte sie mich in gehörigem Abstand mit irgendeinem Spielzeug zu ihren Füßen auf den Teppich. Es war ein grobgeflochtener Kokosteppich, der sein Flechtmuster auf den nackten Knien hinterließ. Ich mußte immer unendlich lange warten, bis sich das Wunderbare ereignete. Wenn Mutters Füße sich nicht mehr auf der Tretschaukel der Nähmaschine bewegten, wußte ich, daß sie bald ihre Näharbeiten beenden würde. Und dann geschah es: Mutter nahm ein gebogenes Eisen, zur Hälfte war es feuerrot angestrichen, und fuhr damit über den Boden – ohne ihn zu berühren. Alle heruntergefallenen Stecknadeln richteten sich, wie von unsichtbarer Hand geführt, plötzlich auf und sprangen an das Magneteisen. Das war der schönste und erhabenste Augenblick für mich, als alle Nadeln lebendig wurden. Ich staunte ...

Können nicht sowohl die magnetische Kraft als auch die Erdanziehung Symbole sein für die über allem stehende göttliche Kraft der Gnade? Sie möchte die gesamte Schöpfung und damit alle Menschen erreichen und das Schwere und Belastende leicht machen. Im Johannesevangelium spricht Jesus von dieser alles umfassenden Gnadenkraft, die heilen, erlösen und zum Vater führen möchte. „Und ich, wenn ich über die Erde erhöht bin, werde alle zu mir ziehen" (Johannes 12,32). Christus möchte in universaler Breite alle Menschen an sich ziehen, die sich ihm öffnen und sich von ihm bewegen und führen lassen möchten.

Ich stelle mir vor – um noch einmal mit dem Bild aus meiner frühen Jugend zu sprechen –, daß sich die Nadeln trotz ihrer Schwerkraft aufrichten und der Kraft folgen, die sie anspricht. Befinden sich jedoch rostige und miteinander verhakte Nadeln auf dem Boden, werden sie nicht so leicht zu bewegen sein wie die rostfreien und die nicht untereinander verhafteten Nadeln. Sofern sich also der Mensch von der anziehenden Gnadenkraft Jesu Christi bewegen läßt, wird er in den Lebensbereich Gottes mit hineingenommen und aller widergöttlichen Kräfte entzogen, dem Bereich der Finsternis und des Todes.

Dies geschieht bereits bei der Erhöhung Jesu am Kreuz. Das sich über die Erde erhebende Kreuz weist über sich selbst hinaus und deutet damit den Aufstieg Jesu in die himmlische Welt und seine Verherrlichung an. Jesus Christus offenbart sich immerzu in seinem wahren göttlichen Wesen, indem er allen seine rettende und erlösende Gnadenkraft anbietet.

DEINE HIMMELSLEITER

Erhebst du dein Selbst über das gebührende Maß hinaus und betonst du in allem dein Ich zu stark und stellst es immer wieder in den Mittelpunkt, dann hat dich der Stolz im Griff. Denke an das Wort Jesu, das von den Folgen der Selbsterhöhung spricht: „Denn wer sich selbst erhöht, wird erniedrigt, und wer sich selbst erniedrigt, wird erhöht werden" (Lukas 14,11). Wie ist dir zumute, wenn jemand hochmütig über dich hinwegsieht? Hochmut führt unweigerlich zur Erniedrigung, weil er in sich unwahr ist.

Wer sich dagegen anderen nicht aufdrängt, sondern sich bescheiden zurückhält, der wird erhöht werden, wenn sein wahrer innerer Wert erkannt ist. Überhebe dich niemals weder nach innen noch nach außen, denn dann würdest du die Grenzen der Wahrhaftigkeit überschreiten und unter den Folgen leiden müssen.

Auf der Leiter, die Jakob im Traum erschien und die von der Erde bis zum Himmel reichte, stiegen Engel Gottes auf und nieder (vgl. Genesis 28,12). Die Leiter ist unser irdisches Leben. Der eine Längsbalken verkörpert unseren Leib, der andere unsere Seele. Die Sprossen verbinden beide Balken und geben ihnen Halt. Durch Selbsterhöhung steigen wir hinab und durch Demut hinauf. Der Herr öffnet uns den Himmel, wenn unser Herz demütig geworden ist. Selbst wenn du vieles nicht einsiehst, was dir das Leben an Schwerem und Dunklem gebracht hat oder bringt, so verzweifle nicht, sondern stelle dich im Gebet der Hingabe ganz unter die Führung Gottes. Er wird dir zur rechten Zeit Einsicht gewähren und dir den tieferen Sinn offenbaren. Und du wirst sehen, daß deine Lebenslast auf einmal zum Tor des Himmels wird. Vertraue auf Gott, denn selbst in größter Verlassenheit bietet er deiner Seele eine Himmelsleiter an.

DEN ERSTEN SCHRITT TUN

Gottes Geist weht, wo er will. Für uns Menschen ist seine Zuwendung nicht vorher bestimmbar und berechenbar. Mögen wir uns auch noch so anstrengen, Gutes zu tun und Böses zu unterlassen: Die Reaktion der göttlichen Kräfte hinsichtlich unseres Tuns können wir nicht beeinflussen oder gar dirigieren. Im unergründlichen Geheimnis verborgen, behält sich der Schöpfer alles vor. Zur rechten Zeit – für uns oft nicht einsehbar – greift er in unser Schicksal liebend ein, um uns und unsere Seele an sich zu ziehen, zu erlösen und zu heiligen.

Das heißt allerdings nicht, daß wir untätig auf die Erlösung durch ihn warten sollen. Wir dürfen, ja, wir müssen immer wieder den ersten Schritt tun und auf ihn zugehen, um sein liebendes Entgegenkommen zu erfahren und aus dieser göttlichen Kraft täglich unser Leben neu zu gestalten. Alle, die aus dieser göttlichen Quelle schöpfen, erleben die Doxologie in der heiligen Messe als erhebend und gleichzeitig erfüllend: „Durch ihn und mit ihm und in ihm ist dir, Gott, allmächtiger Vater, in der Einheit des Heiligen Geistes alle Herrlichkeit und Ehre jetzt und in Ewigkeit. Amen."

KOMM, HEILIGER GEIST, DER LEBEN SCHAFFT

Menschliche Gefühle, Gedanken und die Akzeptanz durch andere können instabil sein und damit auch veränderbar oder schnell vergänglich. Viele Menschen fühlen sich als Alleingelassene und leiden sehr darunter. Ihnen zu helfen ist oft nicht einfach, weil sie nicht loslassen können und bestimmte Vorstellungen, die sie von einem anderen Menschen haben, erfüllt wissen möchten.

Wenn wir jedoch selbst gefestigt sind und mehr oder weniger in uns selbst und damit im göttlichen Grund, der Liebe ist, ruhen, sind wir in der Lage, eine Brücke vom Vergänglichen zum unvergänglich Ewigen zu schlagen. Diese Brücke baut sich ganz von selbst auf, wenn wir immer wieder im wahrhaftigen Gebet alles loslassen und uns vertrauend und bedenkenlos Gott überlassen. Sein Heiliger Geist wird durch uns die Führung unseres Lebens übernehmen und die damit verbundenen Entscheidungen treffen. Da wir mit unseren begrenzten Erfahrungen und dem relativ kleinen Wissen, das uns zur Verfügung steht, letztlich unser Leben und das der Menschen, für die wir Verantwortung mittragen, nicht allein verantworten können, bedürfen wir der Mithilfe und Unterstützung des göttlichen Geistes. Wir müssen nur Gott um diese Gabe bitten und alles aus der Hand legen, um zu Empfangenden zu werden, dann wird er sich uns zuwenden und uns weitaus mehr schenken, als das, um das wir ihn gebeten haben.

GOTTES ZEICHEN WAHR-NEHMEN

Gott, der über allem Sein steht, hat alles Seiende ins Dasein gerufen. Zwischen ihm und der gesamten Schöpfung, das heißt, allem Geschaffenen, besteht ein enges Band der Wechselwirkung. Wir sind dazu berufen, von der sichtbaren Welt aus in die unsichtbare einzutauchen, um Lebenskraft und Erkenntnis zu gewinnen. Alle, die einen geistlichen Weg gehen und bereits in der vergänglichen Welt Erfahrungen des Unvergänglichen, der Ewigkeit und der göttlichen Liebe machen, sind so erfüllt, daß sie keinen Augenblick zögern, diesen Weg weiterzugehen.

Sind wir in der Lage, die Zeichen und die vielen Wegweisungen im Zusammenhang mit der für uns nicht sichtbaren Welt wahrzunehmen, können wir auch die größeren und göttlicheren Dinge, die für unser Leben notwendig sind, einsehen und geistig erfassen. Nicht durch Denken oder Schlußfolgerungen, sondern nur auf der Grundlage der eigenen Erfahrungen werden uns die kosmischen Ordnungsprinzipien der Schöpfung einsichtig, und wir erkennen, daß Gottes Liebe uns führt – selbst wenn wir, von unserem kleinen Ego aus gesehen, nicht damit einverstanden sind. Wir lernen, die Zeichen, die Gott uns ständig zukommen läßt, zu entschlüsseln und sie für uns und andere zum Heil und zur Heilung einzusetzen. Dabei sind Worte nicht wichtig, und auch ein intellektuelles Verstehen ist nicht wichtig – das Spüren einer umfassenden Liebe gibt Vertrauen und führt zur Basis ewigen Lebens.

Heil – für einen jeden von uns

Alle Verzagten sollen es hören: Habt Mut und fürchtet euch nicht! Gott lebt, und er möchte einen jeden von uns erretten. Ist auch noch Wüste in uns und vertrocknetes Land – auch sie sollen sich freuen, denn sie werden erblühen und mit neuem Leben erfüllt. Bald wird in deinem Inneren die Herrlichkeit des Herrn aufgehen wie die Sonne am Morgen und niemals mehr untergehen. Deine erschlafften Hände werden wieder stark und deine wankenden Knie wieder fest!

Du, der nicht sehen konntest, wirst sehen; und du, der nicht hören konntest, wirst hören. Alle, deren Mund und Herz vor Enttäuschung verstummte, werden wieder lachen und mit ihrem Mund und mit ihrem Herzen den Herrn preisen. Das durstige Land unserer Seele wird zur sprudelnden, niemals mehr versiegenden Quelle göttlichen Lebens. Es wird keinen Umweg mehr geben, sondern einen Weg, den wir alle beschreiten; man nennt ihn den Heiligen Weg. Auf ihm gehen wir sicher unserem ersehnten Ziel und der Fülle des göttlichen Lebens entgegen. Kein Hinderer und Widersacher betritt diesen Weg, den allein der Herr für uns bereitet hat. Zu ihm, von dem wir kommen, kehren wir jetzt, durch Erlösung von allem Schweren befreit, in Freude zu ihm zurück – entflammt von Liebe zu Gott, unbeschwert, als ob es niemals Kummer und Leid gegeben hat (vgl. Jesaja 35,1–10).

Wie oft schien es, als habe Gott uns verlassen, und nichts als Nacht war um uns herum. Und diese Nacht war Wirklichkeit, und kein erhellendes Licht gab es in ihr. Alles Warten auf einen Aufgang der Sonne war vergeblich, denn die Nacht wollte nicht enden.

Jemand oder ein Zeichen mahnt uns, die Augen zu schließen und auf die Stille zu hören, die sich inmitten der Nacht ausgebreitet hat. Ganz in der Ferne hörst du die Stimme eines Vogels, der anfängt zu singen. Die Melodie seines Gesanges läßt dich das Dunkel vergessen, und hell wird es in dir.

Dieser Vogel, der so wunderbar anhebt zu singen und deine Welt inmitten der Dunkelheit hell macht, ist der Glaube an die Auferstehung Jesu Christi und an die Erlösung durch ihn. Siehst du auch nur für einen Augenblick ab von dir selbst und versenkst dich in die Tiefe deines Herzens, wird dein Herz sich erinnern an das, was die Liebe Christi für uns getan hat und immer neu tut, und es wird hell anfangen zu singen.

Wiedererkennen, was grundgelegt ist

Gott hat seine Ebenbildlichkeit in die Seele des Menschen gelegt, dem Geschöpf einen göttlichen Funken mit auf den Weg gegeben, damit dieser Funke wieder auf Gott hin entbrenne.

Es gibt Menschen – manchmal begegnet man ihnen zur großen Freude –, von denen eine solche Strahlkraft ausgeht, daß man sich sofort in ihrer Nähe wohlfühlt. Nichts hindert sie, das zu leben, wovon sie überzeugt sind, und das zu sagen, was ihre Intuition ihnen eingibt und sie für richtig halten. Es ist, als ob das klare, helle Sonnenlicht ungehindert durch ihre Seele und jede Zelle ihres Körpers flutet.

Der Schöpfer gewährt jedem den Anteil an seinem eigenen Licht, der ihm zukommt. Die Frage ist nur, wie weit wir es annehmen, in uns aufnehmen und eine innere Wandlung und Umgestaltung durch ihn und auf ihn hin zulassen. Ständig und überall erhalten wir durch Gottes liebendes Entgegenkommen dieses Angebot, wieder zu erkennen, daß wir ihm ähnlich sind und durch die in uns wohnende Sehnsucht in der Lage sind, eins mit ihm zu werden. Die ausstrahlende Gnade Gottes, die allen Wesen entgegenkommt, wirkt befreiend, erleuchtend, macht einsichtig und schafft Vollkommenheit.

STRAHLKRAFT DER LIEBE – LEBEN SPENDENDE HOFFNUNG

In seiner liebenden Vorsehung und Güte hat Gott dafür gesorgt, daß seine Strahlkraft der Liebe ungebrochen bis in alle Räume und Herzen der Schöpfung dringen kann. Der Mensch gewordene Gottessohn zeigt diesen Weg auf, der sogar in das äußerste Leiden und Sterben dieser Welt Licht und neue Leben spendende Hoffnung bringt. Unser Bewußtsein und unsere Innerlichkeit sind so geschaffen, daß wir vorbehaltlos und bedenkenlos das unendliche Meer des göttlichen Lichtes in uns aufnehmen können, die Liebe, die bereit ist, sich ausnahmslos an alle zu verschenken.

Wie ansteckend dieses Feuer der Liebe allerdings wirkt, hängt ganz von der Entflammbarkeit der Substanz ab, die durch das Feuer berührt wird.

UNERSCHÜTTERLICH IN GOTT GEFESTIGT

Durch Gebet und Gnade wird Gott, der Ewige und Barmherzige, zur Grundlage unseres Lebens. Einzig und allein auf diesem tragfähigen Lebensfundament kann Leben gelingen – verglichen mit dem Aufbau eines hohen und geistigen Turmes, der unerschütterlich errichtet und im Vertrauen auf seine Festigkeit über seine begrenzte Dimension hinauswachsen kann. Ruht er auf einem solchen Fundament, kann ihn kein zerstörender Einsturz treffen und nicht einmal der Angriff irgendwie beunruhigen; auch heftigste Erschütterungen und trügerische Anfeindungen vermögen ihn nicht ins Wanken zu bringen.

Einen neuen Weg finden

Sehnsucht – wonach?

Das gegenwärtige Leben – damit ist unsere Zeit auf Erden gemeint – erfahren die meisten Menschen wohl eher als von Gott entfernt als Gott nahe. Wir scheinen wie Fremde getrennt von unserer eigentlichen Heimat zu leben. Doch jedem von uns ist eine Sehnsucht eingestiftet, die uns jenes Land suchen läßt, in dem unser Vater wohnt. Wege, die eher nach außen als nach innen führen, erreichen dieses Ziel nicht. Allzu oft erweisen sie sich als Irrwege, die in einer dunklen Sackgasse enden. Menschen, die ihr Leben in diese Richtung steuern, benötigen unbedingt Hilfe, um durch eine Kehrtwende aus der Dunkelheit herauszufinden.

Andere müssen große Umwege machen, wenn sie sich von Äußerlichkeiten gefangennehmen lassen, bis sie erkennen, daß die eigentliche Richtung, in die ihre tiefste Sehnsucht weist, eine nach innen gehende ist. Wenn wir jedoch erst einmal erkannt haben, daß unsere eigentliche Bestimmung das Berufensein in Jesus Christus ist und auf diesem Weg nach innen die Erfüllung unserer Sehnsucht liegt, werden wir nicht mehr so leicht das Ziel unseres Lebens aus den Augen und dem Herzen verlieren.

Angst, dass alles vergeht

Alles Sichtbare ist der Vergänglichkeit unterworfen. Die Natur bringt hervor und läßt Hervorgebrachtes wieder sterben; sie bringt wieder hervor und läßt wieder sterben. Das Sterben ist ein Vergehen im Alter oder ein Erliegen im Kampf mit anderen. Eine undenkliche Zeit hindurch wiederholen sich die Lebensprozesse, dabei entstehen neue Formen und neue Individuen, die wieder vergehen, sich untereinander selbst zerstören oder durch andere Kräfte aufgerieben werden.

All das Entstehen und Wiedervergehen muß eine Basis haben, einen Grund, der aus sich entläßt und wieder in sich aufnimmt, etwas Ewiges, das unbewegt ist und gleichzeitig bewegt. Ein unsichtbarer Gärtner bringt die Bäume und Sträucher seines Gartens zum Grünen, Blühen und Fruchten; ein verborgener Dirigent vereint die vielen verschiedenen Stimmen zu einer harmonischen Melodie. Dieser ewige Grund ist der unbewegte Beweger, der himmlische Gärtner oder Dirigent. Er ist Liebe, und die Liebe ist Gott.

Welch unendliche Sicherheit dürfen wir erfahren, wenn wir inmitten alles Vergänglichen das Unvergängliche ent-decken. Wir müssen dazu allerdings einen Weg wählen und gehen, der alle Hindernisse, die das Ziel verbergen, ausräumt und uns gleichzeitig durch Fortschritt diesem Ziel näherbringt. Das Ziel allen Lebens ist Gott.

TROSTLOSIGKEIT ÜBERWINDEN

Jeder von uns wird Zeiten der Trostlosigkeit kennen – aus der Vergangenheit oder gar aus seinem gegenwärtigen Leben. Wir haben das Gefühl, Gott habe sich von uns zurückgezogen und uns alleingelassen. In Wirklichkeit jedoch sind wir es, die sich von ihm entfernt haben. Was können wir tun oder was sollten wir nicht tun, um möglichst schnell aus einem solchen Zustand der Trostlosigkeit wieder herauszufinden?

Triff in den Zeiten, in denen du das Gefühl hast, von Gott getrennt zu sein, keine wichtigen Entscheidungen – vor allem keine Entscheidungen, die mit deinem religiösen Leben zu tun haben. Viele, die sich nicht daran gehalten haben, mußten ihre Entscheidungen später bitter bereuen und fanden keine Möglichkeiten mehr, sie rückgängig zu machen. Versuche in diesen Zeiten dein Leben konsequent weiterzuleben, so, als ob es die Trostlosigkeit nicht gäbe. Und denke daran, daß sie etwas Wesentliches bei dir verändern möchte, das zum Guten führt, und vor allem, daß die Trostlosigkeit vorübergehend ist. Ändere also nichts und stehe zu dem, was du dir in gnadenvollen Zeiten vorgenommen und als Ziel gesetzt hast.

Aber auch gegen die Trostlosigkeit kannst du etwas Entscheidendes tun. Laß dich nicht in sie hineinfallen, so daß du von ihr mitgerissen wirst, sondern wende dich auf den dir vertrauten Wegen dem Schöpfer zu. Rufe nach ihm! Und wenn du magst, bete in diesem Sinne einige Psalmen, in denen ein von Gott verlassener und vom Schicksal bedrängter Mensch Gott klagend anruft und um Hilfe schreit. Intensiviere und verlängere deine Zeit des stillen Gebetes und des Gebetes der Hingabe. Bewahre vor allem Gelassenheit. Erwarte nichts und schreibe Gott in deinen Bitten nicht vor, wie er an dir handeln müßte. Vernachlässige deine gewohnten Aufgaben und Pflichten nicht, und wenn es dir möglich ist, suche nach Möglichkeiten, anderen Menschen etwas Gutes zu tun – selbst wenn es dir schwerfällt und du dich lieber zurückziehen oder gar verstecken möchtest.

WESENTLICHES ENT-DECKEN

Die Schöpfung hat eine Tendenz, sich nach außen zu entfalten, zu vergehen und neu zu entstehen. Dem Menschen jedoch, der einerseits diese Entfaltung mitvollzieht, ist eine zusätzliche Entfaltungsmöglichkeit gegeben, die nach innen, zum Unwandelbaren und Ewigen weist. Dieser Weg in das eigene Innere muß erst entdeckt und gangbar gemacht werden. Oft sind es harte Schicksalsschläge, die nicht nur die Türen nach innen öffnen, sondern auch die Sehnsucht wecken, durch sie hindurchzugehen. Bei anderen Menschen wiederum entfaltet sich die nach innen gerichtete Lebensdimension ganz von selbst – unterstützt von der Gnade Gottes. Wie bei der Geburt eines Kindes die Mutter Hilfe benötigt, so gelingt es auch allen Suchenden nur, die ersten Schritte in eine verinnerlichte Welt zu gehen, wenn sie geistig-geistliche Unterstützung in Anspruch nehmen.

Es gibt verschiedene Wege, die zu dem einen Ziel führen, die Gegenwart Gottes in der eigenen Seele zu ent-decken. In der Tiefe seiner Geschöpfe ist Gott als ihr Schöpfer unsichtbar verborgen. Die Sehnsucht des Menschen hat nur das eine Ziel, selbst wenn er es nicht zugibt oder wahrhaben will, sich dem Schöpfer immer weiter zu nähern, um sich letztlich ganz mit ihm zu vereinen. Um diese Entwicklung zu unterstützen, ist es weiterhin notwendig, den nach innen gerichteten Weg von allem Unrat und Ballast, der sich durch unverarbeitete Eindrücke und falsche Entscheidungen aufgeschichtet hat, zu befreien. Erst dann gewinnen wir Einblick in uns selbst und erlauben es der uns entgegenkommenden göttlichen Gnade, uns ungehindert zu erreichen. Eine neue Wahrnehmung tut sich uns auf, und viele Dinge und Zusammenhänge, die wir vorher nicht verstanden haben, leuchten uns ein.

Jeder, der einmal von diesem hohen Gut gekostet hat, tut alles und richtet sein Leben so ein, daß die Zugänge zur eigenen Innerlichkeit und damit zum Göttlichen nicht wieder verschüttet und damit unzugänglich gemacht werden. Die Heiligen Schriften und die darin enthaltenen Anweisungen und Lehren Jesu Christi, die den geraden Weg zum Vater beschreiben, helfen uns, nicht mehr von diesem geistlichen Weg abzukommen. Ebenso stehen uns die wunderbare Weisheit der frühen Kirchenväter und die Erfahrung vieler Mystiker zur Verfügung. Sie haben uns zu Gott führende Gebetswege offenbart, die leicht nachzuvollziehen sind, und ihr Leben in der Nachfolge Jesu Christi gibt uns Orientierung.

DAS KREUZ ÜBERWINDEN

Obwohl sich mein Vater nach meiner Geburt noch viele Kinder gewünscht hatte, blieb es bei meiner Schwester, die ich im Alter von fünf Jahren bekam. Als sie auf eigenen Füßen stehen konnte, begannen wir uns gegenseitig noch mehr zu lieben als vorher. Wir teilten alles, spielten und lachten viel, und später vertrauten wir uns gegenseitig Dinge an, die wir mit unseren Eltern nicht besprechen konnten. Durch mein Alter war ich ihr zwar in vielem voraus, doch verfügte meine Schwester über Eigenschaften, die ich nicht besaß. Und so ergänzten wir uns wunderbar.

Auf der Oberstufe des Gymnasiums hatte ich einen lieben Freund, er hieß Heinrich. Fast täglich kam er zu uns nach Hause. Wir lernten zusammen, hörten aber auch viel klassische Musik und sprachen über unser Leben und über unsere Zukunft. Manchmal gesellte sich meine Schwester hinzu, doch oft war es ihr zu langweilig, und sie verließ uns wieder. Es war für mich ein wunderbares und überhebendes Gefühl, eine so liebe Schwester zu haben und gleichzeitig einen Freund, der wie ein Bruder war.

Eines Tages jedoch bemerkte ich, wie Inge und Heinrich sich etwas zu sagen hatten, das ich nicht hören sollte. Zuerst dachte ich – fast kindlich –, es sei eine Überraschung für mich geplant. Ja, so war es dann auch, aber die Überraschung sah völlig anders aus als ich sie mir vorstellen konnte. Beide hatten sich ineinander verliebt und suchten jede Gelegenheit, allein zu sein. Ein unsagbarer Schmerz erfüllte mich, den ich vorerst gar nicht begreifen konnte. Auf einmal blieb ich bei allem, was wir vorher gemeinsam getan und erlebt hatten, außen vor und allein. Das Zusammensein mit meiner Schwester war beladen und wurde sogar zeitweilig nichtssagend. Das Zusammensein mit Heinrich wurde weniger, und wenn er kam, schaute er nur zu meiner Schwester. Er wurde mir gegenüber ironisch, und ich hatte das Gefühl, daß er mich damit abstoßen wollte.

Ich habe mich in meinem Leben niemals mehr so einsam gefühlt wie in dieser Zeit. Indem sich diese beiden Menschen fanden, wurden sie mir entrissen. Ich spürte keinen Boden mehr unter den Füßen, und ein Hohlraum in meinem Inneren wurde immer größer. Ich wurde traurig, aber niemand kümmerte sich darum. Je öfter Inge und Heinrich zusammenwaren und lachten, desto einsamer und verlassener fühlte ich mich. Ich war sprachlos und konnte es nicht fassen, daß ein junger Mensch so leiden kann. Zu niemandem mochte ich darüber sprechen – aus Angst, nicht verstanden oder gar der Eifersucht bezichtigt und ausgelacht zu werden. Die seelische Not wurde so groß, daß ich nicht wußte, was ich tun sollte – war ich doch in meine Familie fest eingebunden, ebenso in der Schule.

Sich allein und ausgestoßen zu fühlen, muß etwas zu tun haben mit dem, was man mit „Hölle" definieren könnte. In meiner inneren Einsamkeit fühlte ich mich eines Tages dem gekreuzigten Jesus ganz nahe, ja, ich spürte sogar, daß er bei mir war. Diese Erfahrung hielt an und war nicht nur ein bloßer Gedanke. Seitdem ich früher einmal einen Rosenkranz von einem sehr lieben Menschen mit wunderbar begleitenden Worten geschenkt bekommen hatte, trug ich diesen stets in meiner Hosentasche bei mir. Als ich zu einer Wirbelsäulenoperation, vor der ich große Angst hatte, in den Operationssaal geschoben wurde, hielt ich den Rosenkranz mit meiner rechten Hand fest umschlossen. Alles ging gut.

Jetzt hielt ich wieder diesen Rosenkranz in meinen Händen und betrachtete lange das Kreuz. Und auf einmal weitete sich mein Inneres, und das unsagbare Leid, das es in der Welt gab, wurde mir bewußt. Von diesem Augenblick an fühlte ich mich geborgen in Christus und nicht mehr allein. Als das Leid, von zwei geliebten Menschen ausgestoßen zu sein, eine gewisse Tiefe erreicht hatte, öffnete sich eine neue Tür im Glauben, durch die ich hindurch und weitergehen konnte. Und immer, wenn der Boden unter meinen Füßen neu zu schwanken begann, griff ich nach diesem Kreuz – und es gab mir Halt.

Ich wünsche allen Alleingelassenen, daß auch ihnen Christus in einem Zeichen des Glaubens entgegenkommt und er sie in ihrem Inneren über das Kreuz hinaus zur Auferstehung führt, zu einer liebenden Gemeinschaft, die bereits in dieser Welt zu einer lebendigen Wirklichkeit wird.

SINNGEBENDE ARBEIT HEILT WUNDEN

Nur durch einen ausgewogenen Wechsel zwischen Ruhe und Aktivität – der heilige Benedikt sagt: zwischen „Gebet und Arbeit" – sind wir in der Lage, unser inneres Gleichgewicht herzustellen. Von hier aus können wir dann auf den Anwegen zur Gottesbegegnung richtig Fuß fassen. Um inneres Gleichgewicht zu erlangen und in ihm zu bleiben, müssen zuvor Unebenheiten ausgeräumt oder gar Wunden geheilt werden, die durch ihren Schmerz eine Weiterentwicklung verhindern. Im Gebet der Hingabe halten wir uns nicht mehr bei uns selbst und dem uns zugefügten Leid auf, sondern richten uns im Loslassen von all dem immer wieder neu auf Jesus Christus aus. Dies geschieht im tiefen Schweigen oder in einer Bitte um Erbarmen, die in ihrer Wiederholung in eben dieses Schweigen vor Gott führt. Er ergänzt das Unvollkommene, führt das Begonnene weiter und heilt, was verwundet ist.

Kein Mensch ist dazu bestimmt, sein Leben ständig in einem Schweigen vor Gott zu verbringen. Neben der kontemplativen Erfahrung verlangt unser Leben nach einer unseren körperlichen und geistigen Fähigkeiten entsprechenden sinngebenden Arbeit. Steht diese Arbeit in einem guten Wechsel mit der Ruhe, wie sie am siebten Schöpfungstag herrscht, wird alles, was wir tun, gelingen. Als erstes wird unser Weg zu Gott von allem Ballast gereinigt, und Wunden, die wir uns selbst oder andere uns zugefügt haben, werden geheilt.

„AUFSCHAUEN" – DEN TEUFELSKREIS DURCHBRECHEN

Viele Menschen verlieren sich völlig in ihren Aufgaben und versuchen, ihre Leistung zu steigern aus Angst, ihren Arbeitsplatz zu verlieren. Weder sie noch der Arbeitgeber wissen oft um die verheerenden Folgen, die aus einem solchen Überengagement entstehen. Manche meinen sogar noch, ein solches Tun sei unschädlich und führe zur Charakterstärke. All diejenigen, die bereits in diese Art Abhängigkeit geraten sind, berichten, daß sie depressiv werden und die Freude am Leben verlieren. Ein Zuviel an Arbeit drückt die Seele zu Boden und nimmt ihr die Kraft zum Aufschwung und trennt sie somit von Gott.

Aber auch aufgrund von Macht- und Besitzstreben kann der Mensch in weltverstrickende Sorgen geraten, die seine Seele fesseln und besetzen. Eine alte Regel besagt, daß zu hoch gesteckte materielle Ziele, die nur durch ein übermäßiges, nahezu krankhaftes Engagement erreicht werden können, neue Unruhe schaffen und wiederum in noch größere Abhängigkeiten führen. Wenn wir aus Profilsucht und reinem Geltungsdrang uns übermäßig für einen aufwendigen Lebensstil abrackern, leisten wir der Kraft Vorschub, die die echten Werte zerstört und somit jede geistige Entwicklung blockiert.

Sowohl einsichtige als auch durch Leiderfahrung geprägte Menschen werden alles tun, um diesen Teufelskreis zu durchbrechen. Medikamente oder gar Psychopharmaka können nur vorübergehend eine Hilfe sein, doch ist zusätzlich langfristig erforderlich, sein Leben, und in vielen Fällen auch das Berufsleben, grundlegend zu ändern. Man mag sich noch so dagegen wehren: Ohne eine Verbindung und Verbundenheit zum Schöpfer kann Leben nicht gelingen. Jeder Mensch, selbst wenn er sich Atheist nennt, ist religiös veranlagt. Um heil und gesund zu werden und zu bleiben, ist es unabdingbar, einen Kontakt zum Schöpfer herzustellen und zu pflegen.

FLEISCH ESSEN?

Jeder sollte für sich selbst entscheiden, was er zu sich nimmt. Daß ein praktisch arbeitender Mensch eine andere Kost benötigt als jemand, der in der Stille geistig arbeitet, ist einsehbar. Wenn wir einen geistlichen Weg für uns gefunden haben und ihn auch konsequent gehen, wird sich ganz von selbst herausstellen, was uns in unserer Entwicklung an Nahrung unterstützt und was nicht. Es geht dann darum, die feine Sprache des Körpers und seine Zeichen, die er uns gibt, zu verstehen und sie umzusetzen. Dabei sollten wir den Mut haben, eingefahrene Gewohnheiten aufzugeben, wenn sich etwas bei uns meldet, das ihnen entgegensteht.

Menschen, die über Jahre kein Fleisch mehr essen, berichten, daß es ihnen hervorragend damit geht, sie weniger anfällig sind, sich wohler fühlen, besser schlafen, geistig wacher sind, tiefere Glaubenserfahrungen haben und ihnen ein breiteres Lebensspektrum zur Verfügung steht. Die Entscheidung, kein Fleisch zu essen, sollte jeder für sich allein treffen, aber keinesfalls seinen Körper dazu zwingen.

Als Origenes, ein geistlicher Lehrer und Schriftsteller des 3. Jahrhunderts, bei der Auslegung der Vaterunser-Bitte „Unser überwesentliches tägliches Brot gib uns heute" gefragt wurde, ob der Verzicht auf Fleisch die geistige Entwicklung eines Menschen unterstütze, antwortete er: „Der Genuß des

Fleisches von Tieren ist weder gut noch böse, die Enthaltung aber ist vernünftiger" (Gegen Celsus, VIII, 30). Jesus sagt in einem Gespräch über die Reinheit und Unreinheit zu den Leuten: „Hört und begreift! Nicht das, was durch den Mund in den Menschen hineinkommt, macht ihn unrein, sondern was aus dem Mund des Menschen herauskommt, das macht ihn unrein." Petrus, der diese Worte seines Herrn nicht versteht, bittet um eine Erklärung. „Begreift ihr nicht, daß alles, was durch den Mund in den Menschen hineinkommt, in den Magen gelangt und dann wieder ausgeschieden wird? Was aber aus dem Mund herauskommt, das kommt aus dem Herzen, und das macht den Menschen unrein. Denn aus dem Herzen kommen böse Gedanken ..." (Matthäus 15,11.17–19).

KRAFT SCHÖPFEN

Kommen unsere Lebensimpulse aus einer gesunden Mitte, können sie sich lebensgerecht für uns selbst und andere entfalten. Wie von selbst werden wir eine aus dem Herzen strömende Liebe zum anderen verspüren, eine durch Verständnis getragene Ruhe.

Doch wie erreiche ich es bei den vielen Erschütterungen, die täglich auf mich einwirken, immer wieder eine gesunde Mitte in mir zu finden, aus der ich dann Lebenskraft, Hoffnung und Liebe schöpfen kann? Zum einen, und das ist für alles weitere Voraussetzung, heißt es, Wege und Mittel zu finden, die die Auswirkungen der Erschütterungen in mir zur Ruhe bringen oder gar ganz auflösen. Eine solche Befreiung kann im Körperlichen beginnen. Dabei ist es wichtig, mehr und mehr aus sich selbst herauszugehen. Sich frei zu bewegen, ob beim Sport oder Tanz, tut dem Körper und der Seele gut. Der körperlich-materiellen Schöpfung kommt eine positive Aufgabe zu. Sie ist dazu berufen, die Weiterentwicklung und das Zur-Ruhe-Kommen der Seele zu unterstützen. Daher ist der Leib in keinem Fall Widersacher, sondern Diener der Seele und des Geistes.

Doch speziell für unsere Seele, damit auch sie sich in einer ausgewogenen Mitte befindet, muß noch eine weitere, die religiöse Dimension, hinzukommen. Sie sollte, um einen gesunden Gegensatz zur körperlichen Aktivität zu bilden, im Erfahren von Gelassenheit, tiefer Ruhe und Hingabe an den Willen Gottes bestehen. Viele Menschen erleben eine von Gott erfüllte Innerlichkeit im schweigenden Gebet, im stillen Sitzen in der Ausrichtung auf Gott. Andere benötigen als Einstieg die Betrachtung geistlicher Worte; wieder andere kommen durch das Beten der Psalmen oder des Rosenkranzes in eine tiefe Ruhe, die ganz von selbst den Ausgleich zum Aktivsein herstellt und somit die eigene innere Mitte als Kraftfeld erfahrbar werden läßt.

Nur durch gesunde Bewegung auf der einen Seite und durch geistige Übung der Hingabe, um uns der göttlichen Gnade immer wieder zu öffnen – dies ist die andere lebensnotwendige Seite –, werden wir unsere eigene Mitte finden und ausloten, um dann aus ihr Gnade über Gnade zu schöpfen.

Hoch-Zeiten – sich an sie erinnern

Wer glücklich war, der sollte sich in Phasen des Nicht-Glücklichseins dieses Glück wieder vor Augen führen, um noch einmal aus dieser Quelle Kraft für den weiteren Lebensweg zu schöpfen. Mit unserem Erinnerungsvermögen – vorausgesetzt, wir öffnen es – können wir uns in Bedrängnis Zeiten vergegenwärtigen, in denen wir sehr glücklich waren. Dies sollten wir unbedingt tun, wenn wir nicht wissen, wie es mit uns weitergehen soll oder körperliche und seelische Schmerzen uns besetzt halten.

Jesus erinnert uns an das reiche Vermögen, das unsere Erinnerung ja nicht umsonst gespeichert hat. Beim Gang zum Ölberg sagt er: „Aber nach meiner Auferstehung werde ich euch nach Galiläa vorausgehen" (Matthäus 26,32). Das Wirken Jesu begann in Galiläa. Hier berief er die ersten Jünger, hielt die Bergpredigt, heilte Kranke, wählte die zwölf Jünger aus, sprach in Gleichnissen und wurde als Vorwegnahme des österlichen Geschehens auf dem Berg Tabor verklärt. Hier in Galiläa erlebten die Jünger einen großartigen Aufbruch zusammen mit ihrem Herrn, den sogenannten galiläischen Frühling.

Die Jünger hatten alles andere erwartet als den Kreuzweg und den grausamen Tod Jesu am Kreuz. Der Schmerz grub sich tief in ihre Seele, und die Hoffnung auf das Reich Gottes, wie sie es sich vorstellten, war ausgelöscht. Sie erinnerten sich auch nicht mehr an Jesu Wort, sich nach all diesem Leid mit Jesus in Galiläa zu treffen. Daher sagte der Engel am leeren Grab zu den Frauen: „Dann geht schnell zu seinen Jüngern und sagt ihnen: Er ist von den Toten auferstanden. Er geht euch voraus nach Galiläa, dort werdet ihr ihn sehen" (Matthäus 28,7).

Jesus möchte, daß sich seine Jüngerinnen und Jünger an die Zeit ihres gemeinsamen galiläischen Frühlings erinnern und gerade jetzt in ihrem Schmerz aus dieser Erinnerung Kraft schöpfen. Daher will er sie auch gerade dort als Auferstandener wiedersehen, damit sie ihn niemals mehr vergessen und sich seiner Gegenwart, besonders in der Eucharistie, immer bewußt sind. Da Jesus seine immerwährende Gegenwart noch tiefer in die Herzen seiner Jünger eingravieren will, erscheint er den Frauen und wiederholt die Bitte des Engels, zu den Jüngern zu gehen und ihnen zu sagen, daß sie ihn in Galiläa wiedersehen werden (vgl. Matthäus 28,10).

HILFE DER HEILIGEN

Es gab und gibt Gott nahe Menschen, die durch ihr gelebtes und oft schwer zu tragendes Leben und durch die Wahrheit ihrer Lehre und Schriften uns eine Ahnung geben von einem unendlich liebenden und guten Gott. Sie weisen uns konkrete Pfade zur Erlösung und zum Heil. Machen wir – ihnen folgend – Erfahrungen, die über unser Denken und Fühlen, über unsere Existenz im Hier und Jetzt hinausgehen und schon etwas mit dem Ziel unseres religiösen Weges zu tun haben, werden all unsere Zweifel schwinden, und wir werden im Glauben gestärkt.

Ich durfte auf der Grundlage des „Ruhegebets" von Johannes Cassian, einem frühen Mönchsvater des 4. Jahrhunderts, ähnliche Erfahrungen machen und bin unendlich dankbar, daß ich durch diese Begegnung aus einem seelischen Tief herausgeführt wurde und Priester werden durfte. Es gibt verschiedene Wege, aber nur ein Ziel. Die Mystiker sagen, es ist das Einssein mit Gott. Oft sind mir ihre Worte zu hoch, und die von ihnen gesetzten Ziele scheinen mir unerreichbar. Doch tiefe Freude und Dankbarkeit erfüllt mich, wenn ich mich auch nur einen kleinen Schritt dem unsagbaren Geheimnis der Liebe Gottes nähern darf. Wenn man einmal einen geistlichen Weg beschritten hat und ihn auch konsequent geht, möchte man ihn niemals mehr missen und tut alles, um ihn nicht aus dem Blick und dem Herzen zu verlieren.

Die Geschichte unseres christlichen Glaubens ist so überaus reich und vielgestaltig, daß jeder einen für ihn gangbaren und ihm Freude bereitenden Weg finden und gehen kann. Die Gottesmutter und die vielen Heiligen warten darauf, daß wir mit ihnen in Verbindung treten und sie uns Geleit geben dürfen. Doch niemand drängt sich auf, wir müssen den ersten Schritt tun.

Allein schon den Heiligen in ihren Lebensgeschichten begegnen zu dürfen, bedeutet für mich eine große Gnade. Beim Lesen wird man spüren, wie nahe uns der eine oder andere Heilige entgegenkommt. Wenn man ihn dann im Gebet anruft und ihn um seine Fürbitte beim Herrn bittet, wird er spürbar für uns eintreten.

Chance zur Umkehr

Die Sehnsucht unserer Seele, die sie in eine gute Unruhe versetzt, bis sie ihr Ziel erreicht hat, besteht darin, Gott immer ähnlicher zu werden. Die Seele ruht so lange nicht, bis die zerbrochene oder unterbrochene Ähnlichkeit mit dem Schöpfer wiederhergestellt ist. Selbst dann, wenn ein Mensch sein Leben nicht im Sinn und nach den Vorgaben des Schöpfers ausgerichtet hat und in selbstverschuldeter Dunkelheit stirbt, besteht für ihn eine Chance der Umkehr und der Heilung.

Wer denkt schon an den ersten Heiligen im Neuen Testament, den Jesus in den Himmel aufgenommen hat? Es war einer der beiden Verbrecher, die mit Jesus zusammen gekreuzigt wurden. Während der andere Jesus verhöhnte, wies ihn der erste zurecht und rügte ihn wegen seiner Gottlosigkeit. Er nahm Jesus in Schutz und sagte, daß dieser nichts Unrechtes getan habe. Dann wandte er sich Jesus zu und flehte: „Jesus, denk an mich, wenn du in dein Reich kommst. Jesus antwortete ihm: Amen, ich sage dir: Heute noch wirst du mit mir im Paradies sein" (Lukas 23,42–43).

Aufbrechen, um zu leben

Gottes Gnade, unsere innere Stimme und die das Leben unterstützende Kraft der Natur drängen uns immer neu zu einem Aufbruch. Der Sinn eines Aufbruchs aus festgefahrenen Lebensentwürfen und Lebenssituationen, aus Verkrustungen und der grauen Routine des Alltags ist das Sich-auf-den-Weg-Begeben zum Ziel unseres Lebens. Folgen wir der Ahnung, der guten Intuition in uns, dann machen wir uns auf und bleiben im Aufbruch. Wir verändern unsere irdische Situation und legen das ab, was nicht zu uns gehört.

Die Sprache der eigenen Sehnsucht, die unsere Seele spricht, ist wahrer und muß bestimmender sein als alle Fakten der äußeren Welt. Den Weg zum Ziel zeigen uns die Mystiker, also die Menschen, die etwas von der unendlichen Liebe Gottes erfahren haben: Es ist das Gebet der Hingabe, in der der Beter alles zurückläßt, seinen eigenen Willen in die Hände Gottes legt und sich bedenken- und rückhaltlos Gott gegenüber öffnet und sich ihm überläßt. Der Weg zum Ziel ist ein immer erneutes Aufbrechen in ein neues Geheimnis, damit das Licht durch uns zur Erscheinung kommt. Die unendliche Liebe des Schöpfers und die Schönheit der Schöpfung möchten sich im Antlitz der Natur, eines jeden Menschen und in der Wahrheit seines Herzens widerspiegeln.

Neue Wege zum Ziel

Über eine lange Zeit war ich zutiefst betrübt, denn ich wußte nicht, ob ich mich nach dem vierten Gebot oder meinen eigenen Wünschen richten sollte. Nach dem Schulabschluß entstand in mir ein großes Vakuum, in das sich dunkle Kräfte zu stürzen schienen, weil ich keine rechte Entscheidung treffen konnte. Mein innerer Wunsch war es, Theologie zu studieren, meine Eltern jedoch bestanden darauf, ich solle einen kaufmännischen Beruf erlernen, um meinem Vater zur Seite stehen zu können und einmal seine Nachfolge anzutreten. Ich war wie gelähmt und wußte nicht, wie es weitergehen sollte.

In dieser für mich sehr schweren Zeit gab mir jemand den Rat, etwas Gutes zu tun, um nicht nur die Zeit zu füllen, sondern sie auch kreativ zu nutzen. In einem nahegelegenen großen Krankenhaus, das noch von Ordensschwestern geführt wurde, fragte ich an, ob ich bei der Krankenpflege helfen dürfe. Ich erhielt die Erlaubnis, kaufte mir in einem Geschäft für Berufskleidung zwei weiße Kittel und begann am nächsten Tag im Krankenhaus zu arbeiten. Durch meine Hilfsdienste hatte ich Zugang zu allen Krankenzimmern dieser Station, so auch zu einem Zimmer, in dem ein älterer Herr im Sterben lag. Er war an Speiseröhrenkrebs erkrankt. Obwohl ich große Befürchtungen in mir spürte, dem Tod zu begegnen, wurde gerade dieser Kranke zu meiner Hauptaufgabe, da er keine Angehörigen mehr hatte. Ich durfte erfüllte Tage des Abschieds miterleben und ein ruhiges Sterben, das eine Erlösung von unsagbaren Schmerzen bedeutete.

Später konnte ich meine Eltern durch Worte und Taten davon überzeugen, daß meine Berufsrichtung tatsächlich eine andere war, als sie sich vorgestellt hatten.

Wenn dir vor lauter Trübsal die Decke auf den Kopf zu fallen scheint, dann verhärte nicht, indem du weiter um dein Ego kreist, sondern verlasse vorübergehend „dein Haus" und wende dich irgendeiner Aufgabe zu, die Gutes bewirkt. Kehrst du dann nach Hause zurück, spürst du, wie dein Herz weit geworden ist und sich eine Lösung des Problems anbahnt oder sich dir gleich schenkt.

Beten führt zum Wesentlichen

Wo sich Himmel und Erde berühren

Warum betet ein Mensch? Warum erinnert er sich – selbst wenn er lange nicht gebetet hat – in bedrängten und angstvollen Lebenssituationen an das Beten? Warum lernt jemand in Krisenzeiten und in Phasen eines bedrohenden Übergangs oder gar noch im Sterben, aus tiefem Herzen zu beten? Jeder Mensch, selbst wenn er es nach außen noch so leugnet, spürt in seinem Inneren eine Sehnsucht nach Geborgenheit, Angenommensein und Liebe. Sein Herz ist so lange unruhig, bis er die in Gott gründende Ruhe gefunden hat. Gemeint ist damit eine Liebe, die ihn dauerhaft erfüllt und seinem Leben und allem menschlichen Tun und allen Begegnungen einen Sinn gibt.

Der Betende darf sich glücklich schätzen, wenn sich auch nur für Augenblicke bei ihm dieser erfüllende und ruhige Zustand einstellt. Etwas, das wir mit Glück bezeichnen können, wird im menschlichen Herzen spürbar. Dieses Glück ist ein Teil der göttlichen Kraft, die das Wesen und die Liebe Gottes im Menschen hinterlassen. Im Herzen des Betenden, da, wo sich der Himmel und die Erde berühren, wird Gott offenbar. Diese sich offenbarende Wahrheit ist ein Geschenk an uns, das wir unabhängig von unserem Denken und Wollen und auch jenseits dieser Grenzen empfangen dürfen. Allein aus dieser Wahrheit ist es uns möglich, die richtigen Lebensentscheidungen zu treffen und nach dem Willen und aus der Liebe Gottes zu leben.

Auf die Stille hören

Wenn eine Mutter ihr hungriges Kind zum Essen ruft, wird es sofort zu ihr kommen. In gleicher Weise wird auch unsere unerlöste und hungrige Seele von Gott angesprochen, der ihre

Sehnsucht stillen und sie mit ewigem Leben sättigen möchte. Damit du nicht die leise Sprache Gottes, die er in deiner Seele spricht, überhörst – viele Gedanken und Aktivitäten lassen das oft nicht zu –, solltest du dich möglichst zweimal am Tag für eine kurze Zeit zum stillen Gebet zurückziehen. Der Schöpfer ist von Sehnsucht erfüllt, dir zu begegnen. Suchst du die Stille und läßt sie in dir zu, spürst du auch in dir eine geheime Sehnsucht, Gott zu begegnen. Nur aus dieser unversiegbaren Quelle gewinnst du neue Lebenskräfte, die dich in dieser Welt stärken und dir Geleit geben bis in die Ewigkeit.

Wunscherfüllung

Verlieren, um zu gewinnen, sterben, um zu leben – das ist das Geheimnis der Botschaft Jesu Christi. Der Verstand kann diesen Widerspruch nicht lösen, mag er sich auch noch so lange damit beschäftigen. Nur durch deine persönliche Erfahrung kannst du dieses Geheimnis entschlüsseln und wertschätzen. Möchtest du einmal an der Seite Jesu Christi einen Platz finden, so gebe diesen Wunsch ab, setze dich auf den letzten Platz und diene den Menschen und der gesamten Schöpfung.

Zu diesem praktischen Lebensaspekt muß jedoch noch ein geistlicher hinzukommen. Übe im Gebet das „Sterben" ein, indem du dich selbst losläßt. Gib alle Anspannung ab, besonders deine bewußte Gedankenaktivität, alle Vorstellungen und überhaupt alles, woran dein Ego und dein Wille beteiligt sind. Du darfst vertrauend loslassen, dich selbst verlassen, um dich in der Anrufung Jesu Christi ganz auf ihn zu verlassen. Die wunderbare Erfahrung, in Liebe aufgefangen und geborgen zu sein, läßt dich das Geheimnis der Botschaft Jesu ein Stück weit besser verstehen. Deine Sehnsucht wird größer, auf diesem Weg des „Sterbens, um zu leben", den man auch Weg der Hingabe nennt, Fortschritte zu machen.

Psalmen, die den Himmel öffnen

Manche Verse, die ich in den Psalmen bete, sind mir so nahe, daß ich glauben könnte, sie seien nur für mich allein geschrieben. Welch ein großer Trost ist es für mich, zu wissen, daß schon vor dreitausend Jahren König David so gebetet hat. Er muß also ähnliche Situationen – vornehmlich innerlich – erlebt haben, wie auch ich sie heute durchmachen muß. Ich fühle mich in der Tradition stehen mit allen Betenden der Psalmen Davids und blicke mit ihnen auf Gott, unseren Vater, von dem mir Erbarmen zuteil wird und von dem ich Hilfe bekomme.

Manche Psalmverse sind für mich wie Schlüssel, die mir den Himmel öffnen, das heißt, sie verleihen meinem Leben einen neuen Sinn, stärken meinen Glauben und entflammen eine Hoffnung in mir, die mich über Abgründe trägt. Dankbar bin ich, unendlich dankbar, daß ich mit meinen Bitten und mit meinem Gotteslob nicht allein vor dem Schöpfer stehe, sondern mich einreihen darf in die große Zahl der Beter vor mir und gewiß ebenso in die große Zahl der Betenden, die nach mir folgen.

ZUGANG ZU VERBORGENEN KRÄFTEN

Es liegen im Menschen wunderbare und große Kräfte verborgen, die noch nicht geweckt sind. Doch manchmal, wenn es dir schlechtgeht und du am wenigsten damit rechnest, getröstet zu werden und neuen Mut zu bekommen, erheben sich diese Kräfte in dir und machen dich stark. Es ist ein Wunder, ein Wunder der Auferstehung, das an dir geschieht – ohne daß du irgend etwas dazu beiträgst.

Dieses rettende Entgegenkommen kann nur mit der unendlichen Liebe Gottes zu tun haben, die er all seinen Geschöpfen entgegenbringt. Die Kraft der Überwindung allen Leids, der Sünde und des Todes hat der Schöpfer verborgen in die Seele alles Geschaffenen gelegt. Wir wissen darum und sollten Wege finden, durch unser Beten und Tun, diese göttliche Lebenskraft in uns zu wecken und zum Strömen zu bringen. Gott drängt sich dem Menschen nicht auf; er möchte gesucht und gefunden werden, um uns auf unseren Wunsch hin mit seiner Liebe überreich zu beschenken.

Wenn du betest – mehr mit dem Herzen als mit dem Mund –, strömen dir ungeahnte Kräfte zu, die dich über Gründe tragen, die du sonst durchschreiten müßtest. Wenn du betest, wird sich deine Unruhe in Ruhe wandeln, und du kannst in Geduld warten, wo du früher voreilig eingegriffen hättest.

Wenn du betest, siehst du die Menschen, die Dinge und die Welt nicht in deinem eigenen Licht, sondern im Licht Gottes – durchstrahlt von seiner Liebe.

Wenn du betest, lernst du, Unabänderliches, das dich bedrückt und schmerzt, ohne zu klagen anzunehmen und – wie Christus das Kreuz nicht umgehen konnte – es zu tragen. Du darfst sicher sein, daß du das dir auferlegte Kreuz durch, mit und in ihm überwinden wirst.

Wenn du betest, werden die trüben und dunklen Gedanken von dir abfallen. Es wird lichter in dir, und die Schöpfung beginnt, in der Herrlichkeit Gottes zu dir zu sprechen.

Wenn du betest, strömt dir eine Kraft zu, die dich das Schreckliche in dieser Welt aushalten läßt. Und nicht nur dies: Durch dein Beten fließt heilende Lebensenergie zu den Menschen, die in Kriege verwickelt und in Not sind, die leiden und sich im Schatten des Todes befinden.

Gebetswünsche werden erfüllt

Wende dich in deinen Gebetsanliegen an Jesus Christus, der immer bereit ist, für uns einzutreten. Oft zögert Gott mit der Erfüllung deiner Wünsche. Ein Grund kann darin bestehen, daß du nicht beharrlich genug im Beten bist, denn Beharrlichkeit im Beten läßt erst die Wahrheit des Gebetes Wirklichkeit werden. Und diese Beharrlichkeit beweist, daß auch dein Herz von diesem Anliegen berührt ist. Wenn du betest und damit nicht etwas für dich suchst, sondern die Nähe und das Angesicht Gottes, dann wird sich dir die Liebe Gottes schenken. Das bedeutet: Gott schenkt sich selbst. Er kann sich dir jedoch nur dann schenken, wenn auch dein Herz zuinnerst sich nach ihm sehnt.

Gott wartet darauf, daß dein Gebet zu einem wirklichen verinnerlichten Gebet wird. Vielleicht kannst du jetzt ein wenig verstehen, daß Gott zögert. Frage dich, ob dein Gebet dein eigenes inneres Anliegen ist oder ob du nur aus Konformität mit einer Gruppe diese und jene Gebetsanliegen ausdrückst, wie es beim Beten der gemeinsamen Fürbitten der Fall sein kann. Frage dich, ob nicht viele deiner Gebete aus einer bestimmten Ideologie oder aus Gruppengeist mitvollzogen werden. Betest du, wenn du wieder allein bist, in gleicher Weise weiter? Du kannst ferner erkennen, daß deine Anliegen deinem Innersten nicht entsprechen, wenn dein Leben einen direkten Widerspruch bildet zu dem, was du fromm in Gemeinschaft betest.

Du betest für einen Kranken oder Gefangenen. Weil dir jedoch die innere Solidarität mit ihm fehlt, verwirklichst du nichts davon in deinen Lebenskonsequenzen, das heißt, du besuchst ihn nicht oder vergißt ihn sogar. Dein Gebet ist wirklich nur dann Gebet, wenn es mitten durch dein Herz hindurchgeht und dein alltägliches Tun mitbestimmt. Du tröstest jemanden, der ein schweres Leid zu tragen hat. Durch dein wahrhaftes Gebet empfängst du mit wartender Offenheit diesen Trost Gottes in deinem Herzen und schenkst ihn dann an den Leidtragenden weiter.

Wie Trostlosigkeit schwindet

Der böse Feind stiftet Verwirrung und Entzweiung; er läßt Unsicherheit und Zweifel aufkommen und ist an allem interessiert, was den Menschen verdunkelt und seine Seele betrübt. Er legt den Grund für Traurigkeit in unser Herz und verstrickt uns in Selbstvorwürfe. Er findet Scheingründe, die uns zu Fall bringen sollen, und täuscht uns, wo er nur kann. Vor allem verfügen diese widergöttlichen Kräfte über Strategien, die es vermögen, die uns zufließende Gnade anzugreifen und zu zerstören. Damit verdunkeln sie unsere Seele und nehmen von ihr Besitz.

Sich intellektuell mit diesen Kräften auseinanderzusetzen, ist sinnlos, denn dadurch breiten sie sich nur um so mehr aus.

Die einzige Möglichkeit, mit dem Bösen fertigzuwerden, besteht darin, ihm eine Absage mit dem zu erteilen, was er am meisten scheut. Wenden wir uns demnach sofort dem Urquell des göttlichen Lichtes und der Liebesenergie zu – in der absoluten Gewißheit, daß dem Bösen somit alle Macht über uns genommen wird. Wichtig dabei ist es, in dieser Hinwendung auszuharren und den heilbringenden Namen Jesu Christi immer wieder anzurufen, damit Unfreiheit sich in Freiheit, Trauer sich in Freude und Trostlosigkeit sich in göttlichen Trost wandelt.

Gebet und Arbeit

Gebet und Arbeit – in ausgewogenem Wechsel – helfen, nach und nach Belastungen und Sorgen abzubauen und eine größere innere Stabilität und Sicherheit wachsen zu lassen. Die aus dem Gebet gewonnene tiefe Ruhe und Innerlichkeit nehmen wir mit in unseren Alltag, so daß die Grenzen fließend werden. Allmählich lösen sie sich auf, und unser Leben, unser Empfinden, Denken, Sprechen und all unser Tun wird zu einem beständigen Gebet.

Innere Ruhe stabilisieren

Bist du auf der Suche nach einer Begegnung mit dem Schöpfer, bedarf es von dir einiger Vorbereitungen, das heißt, tue den ersten Schritt, und alles andere wird dir ganz von selbst entgegenkommen und zufallen. Dieser erste Schritt fällt vielen nicht leicht, da es ihnen schwerfällt, alles aus der Hand zu legen, was dem freien Fließen der göttlichen Gnade im Wege steht. Die Anweisung hört sich einfach an, doch ihr Vollzug bedarf der Einübung und geistlichen Begleitung. Die äußeren Dinge zur Ruhe kommen zu lassen, wird dir am ehesten gelingen. Du ziehst dich für eine kurze Zeit zum Gebet in die Stille zurück und siehst dabei zu, daß du neue Eindrücke vermeidest, die von außen auf dich zukommen.

Um jedoch auch innerlich von allen Aktivitäten Abstand zu nehmen und zur Ruhe zu kommen, bedarf es einer besonderen Gebetsweise, die sich Ruhegebet nennt. Sie hat nichts mit eigener Leistung, sondern mit Hingabe zu tun. Damit du nicht in dir selbst und deinen eigenen Gedanken verstrickt bleibst, richtest du dich durch die wiederholte Anrufung des Namens Jesu Christi oder eine Bitte um sein Erbarmen innerlich auf Gott aus. Aufkommende Gedanken verdrängst du nicht, sondern du kommst einfach und leicht zu deinem Gebetswort zurück. In allem gibst du ihm während deines Gebetes der Hingabe den Vorrang. Würdest du während deiner Gebetszeit auf das innere Gebet verzichten, verlierst du die Ausrichtung auf Gott, und es würden sich schnell Müdigkeit oder sogar Schlaf einstellen. Anfangs wird es ein steter Wechsel sein zwischen von selbst aufkommenden Gedanken und der leisen inneren Wiederholung deines Gebetswortes. Mit der Zeit und der Übung jedoch wird mehr und mehr innere Ruhe eintreten, aus der dir wesentliche Lebenskräfte zuströmen.

In diesem Zustand innerer Ruhe, in dem du zum Empfangenden wirst und von dir aus gar nichts tust, wird dir der göttliche Wesensgrund zu einer realen Erfahrung. Diese und weitere Erfahrungen sind kaum noch in Worte zu fassen, da sie individuell sehr verschieden und äußerst subtil sind. Daß Wandlung in dir geschieht, kannst du am besten daran erkennen, daß sich dein Leben außerhalb des Gebetes ganz neu formiert und dir ungeahnte Werte zuteil werden.

ORA ET LABORA

Wir dürfen sicher sein, daß wir nicht durch das tiefe Gebet und das Schweigen der Welt entrückt werden – wie es viele meinen –, sondern durch Einübung und Gnade die Fähigkeit erhalten, voll leistungsfähig in dieser Welt zu stehen und aus dem Glauben heraus zu handeln. Und doch gibt es Menschen, die auf ihrem geistigen Weg abstürzen. Schaut man sich jedoch ihr Verhalten und ihr Gebetsleben näher an, muß man feststellen, daß sie ihre Gebetszeiten nicht einhalten, sondern maßlos überziehen. Sie vernachlässigen ihre Aufgaben und Pflichten in dem Glauben, durch „ständiges" Beten schneller auf den Weg zu Gott und in seine Nähe zu gelangen. Nicht selten werden Menschen mit dieser Einstellung und Verhaltensweise krank, weil sie fanatisch einseitig leben. Sie fallen dann der Allgemeinheit besonders auf und werfen somit ein falsches Licht auf den Glauben und die Möglichkeiten, ihn zu praktizieren.

Leider gibt es immer wieder Menschen, die die so einfache Grundregel „Bete und arbeite" vergessen und sich im Gebet oder in der Meditation verlieren. Sie werden geblendet, doch die Schuld liegt nicht beim Licht, das sich ja in Güte spendet, sondern beim „Schauenden", der die ihm gesetzte rechte Beziehung nicht einhält.

NOT-WENDIGES WIRD GESCHENKT

Durch Erkenntnis wie auch durch Schicksalseinbrüche entsteht der unbändige Wunsch, sich einem höheren Wesen, Gott, zuzuwenden, um von ihm Leben spendende Kraft zu erhalten. Das Gebet kommt diesem inneren Wunsch des Menschen entgegen und vermittelt ihm als erstes inmitten vieler Sinnlosigkeiten den verborgenen Sinn des Lebens.

Haben wir erst einmal von der Bedeutung und den weitreichenden heilsamen Auswirkungen des Betens für uns selbst und andere erfahren, wird es keines äußeren Einflusses mehr bedürfen, diesen Weg weiterzugehen. Jeder, der beten will, darf hoffen – ganz gleich in welcher seelischen Verfassung er sich befindet –, daß ihm das für ihn Not-wendige geschenkt wird.

HÖREN UND ERHÖRT WERDEN

Wir dürfen nicht aufgeben, wenn wir uns nicht gleich zu Anfang unseres Betens einer Erhörung bewußt werden und sie verwirklichen können. Sonst kann es geschehen, daß durch unsere Zweifel und innere Widerstände die im Heilsplan Gottes uns zugedachte Liebeszuwendung verzögert oder sogar aufgehalten wird. Sei dir über eines im klaren: Gott hört dich zu jeder Zeit, wenn du zu ihm rufst. Wann und wie er dich allerdings erhört, bleibt oft für uns noch ein Geheimnis, weil sein Ratschluß für uns nicht immer einsehbar ist.

Verliere oder unterbrich daher niemals deine Ausrichtung auf Gott, dein Beten und die Teilnahme am Gottesdienst. Der Herr sieht deine guten Absichten und wendet sich dir gerade dann mit seinem liebenden Entgegenkommen zu, wenn du gar nicht damit rechnest oder die Hoffnung auf Hilfe aufgegeben hast. Allein das Ausrichten auf die Gegenwart Gottes – selbst wenn kein konkretes Gebet stattfindet – ist Beten im wahrsten Sinne des Wortes und läßt dich zur von Gott gegebenen Zeit Wesentliches erfahren.

ALLEZEIT BETEN

Zu einer bestimmten Gebetszeit Worte zu sprechen – damit ist es nicht getan. Erst, wenn unser ganzes Leben mit allem, was wir tun und denken, sprechen, fühlen und beten, durchströmt ist von der liebenden Gegenwart Gottes, erfüllt sich das Wort „Betet ohne Unterlaß" (1 Thessalonicher 5,17).

Allezeit beten – gemeint ist hiermit nicht, daß man fortwährend Gebete vor sich hinsagen soll. Das rechte Beten und die Auswirkungen des Gebetes im Alltag nehmen einen immer höheren Stellenwert ein, bis sowohl das Gebet als auch das Leben zu einer beständigen christlichen Existenz werden: Das Gebet wird zum Leben, und das Leben zum Gebet.

GEMEINSAM BETEN

Kommt zum gemeinsamen Gebet die innere Übereinstimmung mit anderen, dann ist dieses Gebet wesentlich stärker als das des einzelnen. Wenn also mehrere Menschen einen Gebetsweg gemeinsam gehen, sind die entstehenden Gebetsschwingungen unvergleichbar intensiver, als wenn jemand für sich allein betet. Wenn zum Beispiel eine Gruppe von Menschen im Gleichschritt über eine Brücke geht, sind die Schwingungen so groß, daß die Gefahr des Einsturzes besteht. Überträgt man dieses Bild auf das gemeinsame Gebet, wird verständlich, daß das Bollwerk des Widergöttlichen zum Einsturz gebracht wird.

Das Ganze ist in jedem Fall immer mehr als die Summe der Teile. Vater, Mutter und die Kinder bilden eine Familie; viele verschiedene Bäume machen einen Wald aus; das Wort „Haus" besagt wesentlich mehr als eine Aufzählung der einzelnen Zimmer. Mit dem Wort „Familie" ist ebenso etwas Höheres, Umfassenderes und Ganzheitliches ausgesagt, eine Qualität, die den einzelnen Familienmitgliedern, isoliert betrachtet, nicht zukommt. Das Gleiche gilt für das gemeinsame Beten, das weitaus stärker und intensiver ist als das Gebet des einzelnen. Daher sprechen die Heilige Schrift und die Liturgie in ihren Gebeten nicht vom einzelnen, der betet, sondern immer von Gemeinschaften: Jüngerschar, Glaubensgemeinschaft, Gemeinde, Gemeinschaft der Verstorbenen, Gemeinschaft der Heiligen.

ERHÖRUNG FINDEN

Wenn das, was wir erbitten, mit dem Willen des Herrn übereinstimmt, können wir absolut sicher sein, erhört zu werden. Nicht gemeint sind jedoch Bitten, die lediglich im Interesse eines eigennützigen Wohlergehens und einer zeitlichen Befriedigung liegen. Dessen müssen wir uns auch beim Beten des Vaterunser bewußt werden: „Dein Wille geschehe" – also nicht der unsere. Manchmal wird das, um was wir bitten, uns zu unserem eigenen Vorteil verweigert, da der Herr besser und wahrhaftiger sieht, was für uns notwendig ist.

GOTT-ERFÜLLTE INNERLICHKEIT

Die von unserem Inneren ausgehende geistige Harmonie erfahren wir als Kreativität. Wenn wir sie umsetzen und verwirklichen, hinterläßt unser Tun eine tiefe Freude. Das eigene Leben wird in angemessener Weise verwaltet, und die Aufgaben in dieser Welt werden mit Elan und Engagement angegangen. Dabei werden diejenigen, für die wir Verantwortung tragen, in ganz besonderer Weise von uns mitgetragen.

Durch Gebet und den Empfang der Sakramente wird auf dieser Grundlage das Reich Gottes in uns zu einem Zustand Gotterfüllter Innerlichkeit. Wie kann vor dem Hintergrund dieser überwältigenden Erfahrung ein Mensch in seinem Alltag noch kleinlich um Tage, Stunden oder gar Minuten streiten?

QUÄLENDE GEDANKEN BEENDEN

Wie viele Menschen beklagen sich darüber, daß sie gerade in der Zeit vor dem Einschlafen von einer Fülle von Gedanken und von Grübeleien überfallen werden, die ihnen dann stundenlang den Schlaf rauben. Durch was können sie hoffen, von diesem Übel, das zu schweren Krankheiten führen kann, befreit zu werden?

Ich habe eine lange Zeit nach Schlafmitteln gegriffen, die nach ständiger Einnahme in verstärkter Form zur Abhängigkeit führten. Aber auch andere Nebenwirkungen sind ebenso gefährlich. Durch intensiveres Beten wurde mir mein Leben transparenter, und ich sah deutlich, daß ich sowohl beruflich als auch privat einigen Menschen Unrecht tat und es bereits in der Vergangenheit mehrfach getan hatte. Ein starker Wunsch nach Klärung und Wiedergutmachung stieg in mir auf. So schwer die Wege und Worte waren: Ich versuchte, diesen dringlichen Wunsch in die Tat umzusetzen. Ein wunderbares Ergebnis stellte sich ein: Nicht nur der andere spürte sichtlich Entlastung, sondern auch ich durfte erfahren, wie es mir wesentlich leichter ums Herz wurde.

Es gibt darüber hinaus noch einen weiteren, aufbauenden und wesentlich sensibleren Weg, quälende und schlechte Gedanken loszuwerden. „Abbas Johannes sprach: ‚Ich gleiche einem Menschen, der unter einem großen Baum sitzt und sieht, wie viele wilde Tiere und Schlangen gegen ihn herankommen. Kann er gegen sie nicht mehr bestehen, dann klettert er eilig auf den Baum und rettet sich. So auch ich: Ich sitze in meinem Kellion und sehe, wie schlechte Gedanken auf mich zukommen, und wenn ich gegen sie nichts mehr vermag, dann fliehe ich zu Gott im Gebete und werde so vor dem bösen Feind gerettet‘ " (Weisung der Väter, 327).

DEMUT

Viele Menschen glauben von sich, demütig zu sein, doch bleiben sie – oft ohne es zu bemerken – in ihrer Überheblichkeit und in ihrem Hochmut verhaftet. Sie haben eine hohe Meinung von sich und sind kaum in der Lage, diese abzulegen. Erkenntnis führt in den meisten Fällen nicht weiter. Schicksalsschläge dagegen bewirken meist einen Einbruch, so daß der eigene Wesensgrund transparent werden kann.

Durch das Gebet können wir auf eine sanfte Weise in unseren Wesensgrund hinabsteigen, in eine menschliche Tiefe, in der wahre Demut zur Wirklichkeit wird. Demut fordert letzte Wahrhaftigkeit, die wiederum uns unsere eigenen Grenzen und unsere Schwachheit erkennen läßt. Da, wo wir wirklich schwach sind, liegt der wahre Boden für unsere Demut – nicht aber in einem Ideal. Bevor uns ein Schicksalsschlag in die Tiefe unserer Schwachheit führt – oft verbunden mit großen Schmerzen –, sollten wir einen Gebets- oder Glaubensweg gehen, der uns schrittweise offenbart, wer wir in Wirklichkeit sind. Wir erfahren unsere Unvollkommenheit und daß wir keinen Grund haben, überheblich, stolz oder hochmütig zu sein. Im Gegenteil: Uns wird bewußt, daß wir auf die Liebe Gottes angewiesen sind und aus uns selbst nur sehr wenig zu tun vermögen.

„Je größer du bist, um so mehr bescheide dich, dann wirst du Gnade finden bei Gott. Denn groß ist die Macht Gottes, und von den Demütigen wird er verherrlicht" (Jesus Sirach 3,18.20).

WIRKLICHKEIT WAHRNEHMEN

In uns ausweglos scheinenden Situationen beginnen wir sofort, uns an uns selbst und an dem festzuhalten, was wir erlernt, aber noch nicht erfahren haben. Wir klammern uns an einen Menschen oder an etwas, von dem wir glauben, daß es uns Halt gibt. Die damit verbundene Einengung des Bewußtseins hindert uns daran, die Wirklichkeit wahrzunehmen und die in ihr verborgenen Chancen aufzugreifen, Auswege aus der sogenannten Ausweglosigkeit zu finden.

Wenn wir ein wenig von uns selbst und unserer Angst absehen und unseren Blick und unser Herz auf Jesus Christus lenken, wird sich unser Bewußtsein weiten und sich langsam der einleuchtenden Botschaft von der Überwindung aller Negativität und Dunkelheit öffnen. Ganz von selbst wird dies geschehen, wenn wir im Gebet der Hingabe, das die dritte Vaterunser-Bitte beinhaltet, und durch den Empfang des Leibes und des Blutes Christi uns der liebenden Gegenwart Christi anvertrauen. Er ist der Sieger über alle Dunkelheit, alle Angst und den Tod. Und seine Sehnsucht ist es, daß wir durch ihn und mit ihm und in ihm aus allen Verstrickungen befreit und geheilt werden, um ein neues Leben zu beginnen.

Maria Magdalena durfte als erste inmitten all der Dunkelheit, die sich nach dem Tod Jesu am Kreuz über das Land und in den Herzen seiner Jüngerinnen und Jünger ausgebreitet hatte, die Lichtherrlichkeit des Auferstandenen schauen. Sie sagt uns: Nur die Liebe vermag unser Inneres wieder zu erhellen und bringt uns dem Sonnenaufgang nahe. Legt doch endlich alles aus der Hand – auch eure Sorgen und Ängste – und laßt das wahre Licht in euch hinein, damit auch ihr tiefere Zusammenhänge des Lebens schaut und es zum Heil für euch und andere wird.

In der Fülle auf ewig leben

Jegliches Erkennen hier auf Erden ist „Stückwerk" und bleibt fragmentarisch im Vergleich zum unmittelbaren Erkennen Gottes, das später einmal weder durch Leiblichkeit noch durch Sinneserfahrung getrübt sein wird. Das Wahrnehmen des Verborgenen und das Erfassen dessen, was hinter dem Sichtbaren geschieht, ist ohne die Erfahrung des Betens und damit der Hingabe an Gott nicht möglich. Hingabe schafft Rettung.

Gott selbst ist zwar allem Seienden gegenwärtig und nahe – aber nicht alles Seiende ist bei ihm. Durch diese Erkenntnis bereits sind wir auf dem Weg. Nur im Loslassen und Sich-Öffnen für Gott, der die unendliche Liebe ist, wird sich uns das göttliche Geheimnis mehr und mehr offenbaren. Gott kommt uns in Jesus Christus entgegen, der uns wiederum den Vater zeigt und uns zu ihm zurückführt. Halten wir uns an Jesus Christus, den Weg, die Wahrheit und das Leben, werden wir durch seinen Tod und die Auferstehung, in die wir alle mit hineingenommen sind, gerettet sein und in der Fülle auf ewig leben.

MASSLOSE HOFFNUNG

Wenn auch die Erfüllung unserer Hoffnung für uns bereitliegt (vgl. Kolosser 1,5) und der eigentliche Weg dorthin ein geradliniger ist, so müssen doch viele Menschen große Umwege machen. Sie meinen, ihre Vorstellung durchsetzen zu müssen und merken es nicht einmal, wenn sie sich damit immer weiter von ihrem eigentlichen Ziel entfernen. Anstatt zeitweilig durch Schweigen dem Schöpfer in uns Raum zu geben, damit er anwesend sein und sich entfalten kann, kreisen viele Menschen nur um ihr eigenes Ich und verlieren die Orientierung und damit auch die Hoffnung auf alles Zukünftige.

Das Geheimnis der Entgrenzung des eigenen Ich liegt darin, es im Gebet der Hingabe immer wieder zu verlassen, um gestärkt mit neuen Kräften und Ideen zurückzukehren. Angezogen durch die Liebe Gottes sollten wir durch Aufgabe unseres Wollens in einen Zustand der Anbetung übergehen, in dem wir von uns selbst ablassen und zu Empfangenden werden. Unser eher enges Bewußtsein ist mit einem Haus zu vergleichen, in dem wir uns die meiste Zeit tätig aufhalten. Die uns zukommenden Aufgaben können wir nur dann freudig und dauerhaft erfüllen, wenn wir zwischendurch immer einmal wieder uns die Freiheit nehmen, dieses Haus zu verlassen, um es nicht nur von außen zu betrachten, sondern auch Abstand zu ihm zu nehmen und es für eine kurze Zeit zu vergessen.

Kehren wir dann nach Hause zurück, sehen wir viele Dinge in einem anderen Licht: Schweres ist auf einmal leichter und weniger mit Problemen beladen, Dunkles ist heller, Umwege bleiben uns erspart, da unsere Wahrnehmungen und Empfindungen geradliniger geworden sind.

Angst vor dem Tod überwinden

Du brauchst den Tod nicht zu fürchten

Schon viele haben gesagt und sagen es immer wieder: „Fürchte dich nicht vor dem Tod." Sie meinen damit den Augenblick des Entschlafens, nicht den Vorgang des Sterbens, der sehr unterschiedlich und oft sehr schmerzhaft sein kann. Eine Stille und eine Ruhe breiten sich aus, die nichts mehr stören kann. Es ist, als käme der Schöpfer persönlich dem Sterbenden entgegen, um ihm die Hand zu reichen und ihn in eine neue Welt zu geleiten. Bei den Umstehenden verstummt alle Rede und geht in ein Staunen über vor etwas ganz Großem, das sich im Augenblick des Todes vollzieht.

Ein schmerzverzerrtes Gesicht verliert alle Spannung, und die Gesichtszüge spiegeln ein sanftes friedvolles Lächeln wider. Alle Furcht oder gar Angst schwindet dahin, und man „sieht", wie im Augenblick des Todes den Sterbenden eine helle und heitere Vision erfüllt. Seine Hände öffnen sich weit, so, als ob er sein Leben dem Schöpfer zurückgeben würde. Eine letzte Hingabe vollzieht sich, und nichts Dunkles oder Erschreckendes begleitet dieses Opfer der Liebe. Alles Leid wandelt sich in eine geheime Freude, alles Unvollendete erfährt Vollendung, und Schönheit legt sich auf das Gesicht des Entschlafenen. Ja, mehr noch: Ein heiliger Kreis legt sich um ihn, der keine Berührung der diesseitigen Welt mehr erlaubt.

Loslassen in der Sterbestunde

Im Gebet, das lebenswahrhaftig ist und über das Danken, Bitten und Loben hinaus in ein tiefes Schweigen vor Gott führt, nehmen wir unser eigenes Ich ganz zurück und richten uns anbetend auf Gott aus. Wir nehmen die Haltung eines Empfangenden ein, indem wir unser Herz öffnen im tiefen Bewußtsein, daß der Wille Gottes an uns geschehen möge. Neben besonderen Gaben, die sich vornehmlich erst in unserem Alltag offenbaren, schenkt der Schöpfer uns als erstes eine gnadenvolle Ruhe, in der wir gern länger verweilen möchten. Diese innere Ruhe stabilisiert sich immer mehr und begleitet uns auch dann, wenn wir aktiv sind. Ganz gleich, wo wir uns befinden und was wir auch tun, wir ruhen in Gott. Dies ist das Endziel allen Betens.

Die Ruhe, die uns im tiefen Gebet des Schweigens zuströmt, ist eine geheiligte Ruhe, die uns Gott am siebten Schöpfungstag geschenkt hat. Viele Menschen haben jedoch die lebensnotwendige Existenz dieser göttlichen Ruhe vergessen und leben ausschließlich in einer sich ständig verändernden Welt. Wer Zugang zu dieser ewig lebendigen Quelle des Friedens gefunden hat, darf sich glücklich schätzen. Die ruhevolle Wachheit, die sich aus dieser Gottverbundenheit ergibt, hilft uns nicht nur, unseren Alltag kraftvoller und sicherer zu bestehen, sondern sie schenkt auch das Gefühl der letzten Geborgenheit in Gott und somit Mut zum Loslassen in der Sterbestunde.

So wie du einschläfst ...

So wie der Morgen die Fortsetzung der am Abend zuvor begonnenen Arbeit fordert, oder wie der Landmann im Herbst erntet, was er zu einer anderen Jahreszeit gesät hat, wirken beim Menschen frühere Taten oder Denkweisen fort und verlangen Möglichkeiten zum Reifen oder zur Korrektur.

Es gibt ein Wort, das sagt: Wie du einschläfst, so wirst du auch erwachen. Die Gültigkeit dieses Wortes in unserer diesseitigen Welt kann ich durchaus durch meine eigene Erfahrung bestätigen, so wie ich sie auch im Leben anderer bestätigt sehe. Ein Beispiel: Es gibt Menschen, die schauen sich abends im Fernsehen einen Film nach dem anderen an. Auf die Dauer erreicht ihr Schlaf nicht mehr die notwendige gesunde Tiefe, sondern er wird flacher und damit nicht mehr so erholsam. Am Morgen sind sie gereizt und nervös, und mittags klagen sie bereits über eine gewisse Erschöpfung, die sie dann mit starkem Kaffee oder bestimmten anregenden Medikamenten unterdrücken. Das Zusammenleben mit diesen Menschen, die in einen solchen Teufelskreis geraten sind, wird immer schwerer und unerträglicher, denn sie merken oft nicht einmal, daß sie schwer krank werden oder es eventuell schon sind.

Wer jedoch weiß, wie belastend gerade dramatische Eindrücke am Abend sind und daß sie sich wohl kaum während des Schlafens oder im Traum kurzfristig auflösen, pflegt auf angemessene Weise die Ruhe. Er nimmt nicht mehr so viel neue Eindrücke in sich auf, sondern gewinnt durch Gebet oder Meditation Abstand von den Geschehnissen des Tages und richtet sich dabei innerlich auf Gott aus. Ich kenne viele Menschen, die am Abend den Rosenkranz vor dem Einschlafen beten, dann tief schlafen und am Morgen erfrischt und heiter erwachen.

Könnte es nicht ähnlich sein, wenn wir einmal für immer einschlafen und aus dieser Welt gehen? Sind wir belastet, wird es die Seele schwerer haben, sich vom Körper zu lösen, oder gar desorientiert sein, wenn sie auf den Weg des Lichtes gerufen wird. Sind wir jedoch geübt im Loslassen und Abgeben von allem, was uns beeindruckt oder gar belastet, werden die Strahlen der aufgehenden Sonne in der jenseitigen Welt – sie sind Zeichen der Auferstehung unseres Herrn Jesus Christus und seiner Erlösung – uns sogleich erheben und uns den weiteren Weg zu Gott weisen.

PROVIANT FÜR DIE REISE

In der Tierwelt gibt es Arten, die sich für den Winter oder andere bevorstehende schlechte Zeiten Vorräte anlegen, von denen sie so lange leben können, bis wieder bessere Zeiten anbrechen. Vielleicht findest du einen ähnlichen Weg, um in Zeiten geistlicher Dürre nicht gänzlich auszutrocknen. Wenn du rechtzeitig Bäume pflanzt und pflegst, werden sie dir später reiche Frucht bringen, so daß du in besonders belasteten oder gar gefährdeten Lebenssituationen überleben kannst.

Das Überleben-Können ist geistlich zu verstehen. So fragt der Auferstandene am Ufer des Sees von Tiberias seine Jünger, die sich zögernd mit ihrem Boot dem Herrn am anderen Ufer nähern: „Meine Kinder, habt ihr nicht etwas zu essen?" (Johannes 21,5). Mit dieser Frage werden auch wir angesprochen, denn Jesus meint damit, ob wir in dieser Welt und Zeit etwas angesammelt haben, wovon wir in der zukünftigen Welt leben können. Stelle dir diese Frage in deiner jetzigen Lebenssituation und denke darüber nach, was du an wesentlichen und bleibenden Werten in die jenseitige Welt mitbringst, wenn du die diesseitige verlassen mußt.

FÜRCHTE NICHT DEN TOD

Als mein Vater meine Mutter, meine Schwester und mich verließ – er kam durch einen Autounfall ums Leben –, war er noch relativ jung. Ich überbrachte Mutter die Nachricht seines plötzlichen Todes, und von dieser Zeit an war sie wie gelähmt. Oft fiel es mir schwer, sie zu verstehen, denn sie blockierte das Leben in sich selbst. Sie tätigte zwar die notwendigen Einkäufe, doch ging sie, außer täglich zum Friedhof, nirgendwo hin. Vaters Kleiderschrank und seinen Nachttisch ließ sie über Jahre unberührt. Ich riet ihr, Vaters Garderobe in die Altkleider-Sammlung zu geben, doch Mutter hütete sie, als ob sie sich niemals davon trennen könnte.

Wenn ich versuchte, über Vaters Abschied zu sprechen, blockte sie sofort ab. In ihrem Unverständnis, daß ihr der geliebte Mann genommen wurde, zog sie sich immer mehr zurück. Sie konnte auch nach Jahren mit dem frühen Tod nicht fertigwerden, und es schien, als ob sie jegliche Fähigkeit zur Freude verloren habe. Die sonst so schönen und heiteren Familienfeste, die meine Eltern früher mit viel Liebe und Einfühlungsvermögen gestalteten, fielen aus. Weihnachten, Ostern und die Geburtstage waren wie alle anderen Tage im Jahr. Mutter davon abzuhalten, täglich zum Grab von Vater zu gehen, war auch nach Jahren nicht möglich. Ich hätte ihr so gern zur Seite gestanden und geholfen, wußte aber nicht wie. Mutter lehnte sich bis zum Äußersten gegen ihr Schicksal auf und litt dabei entsetzlich – doch Vater kam nicht zurück. Sie konnte den Herrgott nicht verstehen und lehnte sich auch gegen ihn auf, daß er ihr das Liebste, was sie in dieser Welt besaß, meinen Vater, genommen hatte.

„Zum Ekel ist mein Leben mir geworden, ich lasse meiner Klage freien Lauf, reden will ich in meiner Seele Bitternis. Ich sage zu Gott: Sprich mich nicht schuldig, laß mich wissen, warum du mich befehdest" (Hiob 10,1–2).

Mit zunehmendem Abstand von dem schrecklichen Ereignis, das Mutters Seele durchschnitten hatte, begann sie nach ungefähr sieben Jahren, sich wieder zu beruhigen und in das Leben und seinen Alltag zurückzukehren. Was war das für eine Freude, als Mutter eines Tages wieder aus vollem Herzen lachen konnte, weil die drückende Schwere von ihr abgefallen war. Wir haben viel für Mutter im Verborgenen gebetet – ohne jemals mit ihr darüber zu sprechen.

„Fürchte dich nicht vor dem Tod, weil er dir auferlegt ist, Denk daran: Vorfahren und Nachkommen trifft es wie dich. Er ist das Los, das allen Sterblichen von Gott bestimmt ist. Was sträubst du dich gegen das Gesetz des Höchsten?" (Jesus Sirach 41,3–4).

Der Tod führt zum Leben

Daß ihr Herr und Meister wahrhaft auferstanden sein soll, konnten die Jünger einfach nicht fassen. War alles vielleicht doch eine Illusion, der sie nachgegangen waren? Resigniert fällt Petrus in seinen alten Beruf zurück und geht fischen. Dabei hatte er doch vom Herrn den Auftrag bekommen, Menschenfischer zu sein, das heißt, nicht mehr im Bereich des Lebens zu fischen und die Fische an das Gestade des Todes zu ziehen, sondern Menschen vor dem Absturz zu retten und sie damit an das Gestade des Lebens zu ziehen. In dieser Nacht war er mit anderen Jüngern auf den See Tiberias hinausgefahren, doch sie fingen nichts.

Als der Morgen dämmerte, stand Jesus, der Auferstandene, am Ufer, doch seine Jünger erkannten ihn nicht. Er sagte zu ihnen: „Meine Kinder, habt ihr nicht etwas zu essen?" Ihre

Hände und Netze waren leer, und sie antworteten: „Nein".
Erst als sie auf das Geheiß Jesu die Netze noch einmal aus-
geworfen und viel gefangen hatten, erkannten sie den Herrn
(vgl. Johannes 21,1–7).

Wenn wir aus unserem Lebensschiff aussteigen müssen,
nachdem es das Meer der diesseitigen Welt überquert hat
und wir am jenseitigen Ufer angekommen sind, wird Jesus
in der Morgendämmerung am Ufer stehen und auf uns warten. Mögen wir ihn durch den Morgennebel hindurch gleich
erkennen und auf ihn zugehen. Ich wünsche mir dieses Wort
aus dem Johannesevangelium auf meinem Totenzettel: „Als
der Morgen dämmerte, stand Jesus am Ufer." Dahin geht
meine Sehnsucht und mein Hoffen: nach der Dunkelheit und
den Strapazen des Todes im aufgehenden Licht der Ewigkeit
dem auferstandenen Herrn zu begegnen. Oft frage ich mich,
was ich ihm antworte, wenn er mich fragt: „Mein Kind, hast
du etwas zu essen mitgebracht, wovon man in der diesseitigen Welt leben kann?" Viel Unnötiges, das ich in der Welt
als wichtig erachtet habe, fällt mir ein. Und erst langsam und
mühsam kristallisiert sich ein wenig heraus, was aus meinem
Leben in der jenseitigen Welt vor ihm Bestand haben könnte.

Ich nehme mir vor, mich mit dieser Frage des öfteren zu
konfrontieren und sie auch in Seelsorgegesprächen anderen
zu stellen, um zielgerichteter und schneller auf das Wesentliche zu kommen.

In Gott ruhen

Gottes Weisheit ist einfach.
Ein-fach ist das Wort Gottes.
Ein-fach nämlich ist das Gute,
viel-fältig aber das Nicht-Gute;
und ein-fach ist die Wahrheit,
viel-fältig aber sind die Lügen;
und ein-fach ist die wahre Gerechtigkeit,
viel-fältig aber sind die Möglichkeiten, sie zu verstellen;
und ein-fach ist die Weisheit Gottes,
viel-fältig aber die „Weisheit" der Beherrscher dieser Welt;
und ein-fach ist das Wort Gottes,
viel-fältig aber sind die Gott entfremdeten Worte.

Ruhe in Gott

Viele Denker sagen, allem Leben läge nur die dahinschwindende Gegenwart zugrunde und alles wäre immerzu in Bewegung. Unruhe kann jedoch niemals den tiefsten Sinn unseres Daseins ausmachen. Unruhe kann nur aus der Ruhe entstehen und letztlich wieder zu ihr zurückführen. Eine gesunde Unruhe, wie wir sie in allem guten Streben finden, eine Unruhe, die sich in Leben unterstützender Kreativität ausdrückt, ist nichts anderes als die Sehnsucht, andauernde Ruhe zu finden und in dem für immer beheimatet zu sein, von dem alle Bewegung ausgeht, der jedoch selbst unbewegt und ewig ist: Gott.

Wer sagt, daß die Unruhe das Wesen unseres Daseins ausmacht, irrt, denn ihm fehlt die Erfahrung, daß allem Veränderbaren das Unveränderliche zugrunde liegt. Auf dem Weg zu Gott, in besonderer Weise während des Gebetes der Hingabe, verlierst du mehr und mehr das Gefühl für Raum und Zeit, was eine Annäherung an Zeit- und Raumloses, das heißt,

Ewiges bedeutet. Es gibt wunderbare Wege, die das unruhige menschliche Herz zur Ruhe in Gott führen.

GOTTESERKENNTNIS

Um zumindest einen kleinen Aspekt des Wesens Gottes zu erkennen, sind weder Worte noch Begriffe notwendig, weder Gegenständliches noch bildliche Vorstellungen. Unsere äußeren Wahrnehmungen mögen uns auf die rechte Spur der Erkenntnis bringen, doch führen sie letztlich nicht weiter, sondern bleiben vor dem Offenbarwerden eines großen Geheimnisses stehen. Wenn wir unsere leiblichen Augen dagegen schließen und es vermögen, die Augen der Seele zu öffnen, werden wir durch Übung und Gebet – vorausgesetzt, es entspricht dem Willen Gottes – eine Ahnung vom Wesen Gottes und seiner uns entgegenkommenden Liebe empfangen. Um in dieses Geheimnis einzutauchen, das heißt, Gott unmittelbarer zu erfahren, dürfen unsere Gedanken und Gefühle nicht mehr hierhin oder dorthin flattern, weder ins Gestern noch ins Morgen, sondern es muß uns eine tiefe Ruhe erfüllen, eine geheiligte Ruhe, wie sie Gott am siebten Schöpfungstag in das innerste Wesen der Schöpfung gelegt hat. In diesen seligen Augenblicken, in dieser auf Gott ausgerichteten ruhevollen Wachheit, kann uns nichts Äußeres mehr erschüttern oder berühren. Wir sind gegenwärtig in Gott, der unser enges Bewußtsein und all unsere Grenzen sprengt und für diese Momente der erfahrenen Ewigkeit Raum und Zeit aufhebt.

Durch diese leise Berührung mit dem Wesen Gottes wird unser gesamtes Leben verändert. Was uns an vergänglichen Gütern wichtig war, erscheint jetzt im Wissen um die Existenz und Liebe Gottes völlig bedeutungslos; Leid wird erträglich, da wir die Umwandlung allen Leidens und aller Schmerzen in himmlische Freude bereits für Momente verkostet haben. Der sehnliche Wunsch, aus dieser göttlichen Quelle dauerhaft schöpfen und trinken zu dürfen, steht an erster Stelle unseres Lebens und all unserer Ziele.

GEFAHR DER ENTWURZELUNG

Gräme dich nicht und verzweifle nicht, wenn Stürme an deinem Lebenshaus rütteln. Stelle dir einen Baum vor, der im Herbst und im Winter der besonders rauhen Natur ausgesetzt ist. Niemals wird er resignieren, sondern die Herausforderung zum Anlaß nehmen, seine Wurzel noch tiefer in der Erde zu verankern. Er wird seinen Leben spendenden Saft in alle Äste schicken und sein Holz und seine Rinde härten, um allen Widerständen zu trotzen. Ohne die Stürme, die ihn bedrohen, wäre ein großes Wachstum kaum möglich.

Was wird dir Halt geben, wenn Schicksalsschläge dich bedrohen und dich zu Fall bringen möchten? Du kannst dich zwar mit anderen Menschen, die ein ähnliches Schicksal haben, verbünden, doch dieser Trost gründet nicht tief und ist nicht von langer Dauer. Laß wie der Baum deine Wurzeln wachsen in eine Dimension, die von außen nicht sichtbar ist, jedoch tragfähiger als alles andere, was du dir denken kannst. Christus weist dir diesen Weg, wenn du bereit bist, auf sein Wort zu hören und es auch zu befolgen. Mache ihn zum Grundstein deines Lebenshauses – und es hält allen Erschütterungen, die auf dich einstürmen, stand.

EGOISMUS BEHERRSCHT UNS

Wie kann es kommen, daß sich das eigene Ego mit all dem, was es will und nicht will, so schnell in den Vordergrund drängt und Wesentliches überschattet? Bei Tieren ist ein solches Verhalten naturbedingt, denn sie wollen und müssen überleben. Ich stelle eine fordernde Macht des Ego bei mir fest, und wenn ich nicht das Gebet der Hingabe üben würde, in dem alles Ichbezogene zurückgelassen wird, stünde ich mir bestimmt oft selbst im Weg und wäre für andere zeitweise ungenießbar.

Das Geheimnis, die engen Grenzen des Ich zu überschreiten und weit zu werden, das heißt toleranter und liebevoller, besteht im Einüben des vertrauensvollen Verlassens auf Gott. Durch die innere Ausrichtung auf ihn – in der wiederholten

Nennung seines heiligen Namens – stehe nicht mehr ich im Mittelpunkt, sondern er. Damit erkenne ich nicht nur Gott an als meinen Schöpfer und Heiland, sondern ich lasse auch sein Wirken in mir zu. Lerne ich, mich vertrauend auf Gott zu verlassen, bedeutet das gleichzeitig, ihn zuzulassen. Mehr und mehr wird er zu unserer Mitte, und unser vorherrschendes Ego ohne Gott, das sich bisher immer in den Mittelpunkt drängte, wird gewandelt zu einem von Gott erfüllten Ich. Nur so kann Leben gelingen.

NIEMAND IST FÜR SICH ALLEIN

Durch unsere Art zu leben und zu beten helfen wir, das „Bild des Himmlischen", das jedem Menschen eingestiftet ist, zu entwickeln. „Unser Vater", der für viele von uns unerreichbar scheint, wird in unserem alltäglichen Leben zu einer greifbaren Wirklichkeit. Wir spüren zutiefst, daß wir nicht mehr in uns selbst allein sind, vor allem, wenn wir Entscheidungen zu treffen oder gar Schweres zu tragen haben. Eine beschützende und liebevolle Kraft, die uns gute Lebensimpulse und Intuitionen sendet, wohnt in unserer Seele und macht sie licht. Denn Gott in seiner allumfassenden Wesenheit ist in uns anwesend.

FOLGE DER WAHREN SEHNSUCHT

Die diesseitige Welt kannst du mehr oder weniger durch deine Sinne erfassen und durch dein Denken begreifen. Die jenseitige Welt bedeutet für die meisten Menschen noch ein Geheimnis, obwohl sie von der diesseitigen Welt nicht zu trennen ist, da sie bereits in ihr pulsiert und waltet. Folge deiner wahren Sehnsucht, und du wirst durch Erfüllung mancher irdischer Wünsche, die mit dem Willen des Schöpfers in Einklang stehen, einmal nur noch den einen Wunsch haben: die Geheimnisse des ewigen Lebens erfahrbar werden zu lassen. Du entdeckst, daß Ewigkeit in dir wohnt, eine tiefe andauernde innere Ruhe und innerer Friede. Deine Unruhe nimmt mehr und mehr ab, wenn du wahrnimmst, daß in der gesamten Schöpfung unter allem Werden und Vergehen eine göttliche ewige Kraft waltet, die alles verantwortet und trägt.

Verläßt du dich – und das im wahrsten Sinne des Wortes – auf diese tragende Kraft, die Gott selbst ist, wird nicht nur deine Unruhe schwinden, sondern du wirst auch den tiefsten Sinn deines Lebens entdecken.

Unruhe und Hast

Nimmst du bewußt den Geist Gottes in dich auf, indem du während des Tages des öfteren innehältst und Gottes heiligen Namen anrufst, dann bist du auch in der Lage, dich von seinem Geist leiten und führen zu lassen. Auf diesem Weg werden Unruhe und Hast schwinden und einer ganz neuen, heiteren Lebensqualität Raum schaffen. Bedenklichkeiten, Zweifel und Sorgen werden zeitweilig in dir noch hochkommen und versuchen, dich zu überfallen. Ihr wirkmächtiger Einfluß, dich ganz und gar zu besetzen, wird jedoch immer geringer, je weiter und tiefer du auf dem geistlichen Weg fortschreitest.

Es wird und muß kleinere, auf einen bestimmten Fall bezogene Auseinandersetzungen geben, damit du besser die Spreu von Weizen zu trennen verstehst und schneller klare Entscheidungen treffen kannst. Dieses innere Abwägen, das auch manchmal zu einem inneren Ringen führen kann, nimmt jedoch mit der Zeit ab, und deine Spontaneität, recht und richtig zu handeln, wächst. Diese wunderbare Entwicklung deiner Persönlichkeit hast du weder psychologischen Einsichten noch deiner eigenen Leistung zu verdanken, sondern einzig und allein der dir zuströmenden Gnade Gottes.

Unruhig ist unser Herz

Du bist noch klein, doch hast du schon Wünsche; du bist jung und hast Wünsche; du wächst heran, und wieder hegst du neue Wünsche; dein Beruf, dein persönliches Leben – sie sind durchzogen von Wünschen; du wünschst dir für deine

Kinder, daß sie ein bestimmten Ziel erreichen; auch noch in deinem Alter tun sich dir immer neue Wünsche auf. Einige deiner Wünsche erfüllen sich, andere bleiben offen, doch ein Wunsch entsteht nach dem anderen. „Ein jeder Wunsch, wenn er erfüllt, kriegt augenblicklich Junge" (Wilhelm Busch).

Viele Wünsche sind zeitlicher oder materieller Art und gehen nicht so tief wie Herzenswünsche oder gar Wünsche der Seele. Diese Welt kann letztlich nicht unsere tiefsten und geheimen Wünsche und die damit verbundene Sehnsucht erfüllen. Es bleibt etwas Unsagbares offen, das auch nicht die gegenseitige Liebe zwischen Menschen beantworten kann. Es ist die Sehnsucht nach Gott, dem Ursprung und dem Ziel alles Seienden. Wenn wir auch auf unserem Glaubensweg viele Stationen der Gelassenheit, der Ruhe und der innerlichen Freude und des Friedens erleben dürfen, so sind sie doch nicht dauerhaft, sondern der ständigen Veränderung ausgesetzt. Jeder trägt so lange eine gesunde Unruhe in sich, die ihn auf den Schöpfer hin zugehen läßt, bis seine Seele ihre Ruhe in Gott gefunden hat.

Von der Unruhe zur Ruhe

Unser Geist ist veranlagt, auf Gott hin unruhig zu sein. Dies ist eine gesunde Unruhe, die so lange währt, bis wir einmal in Gott ruhen. Ganz im Gegensatz dazu kennen wir auch eine ungute Unruhe des Geistes, der ständig hin und her springt, sich mit nichts zufrieden gibt, sondern immer wieder neu nach dem verlangt, was er nicht sein eigen nennt. Wenn unser Geist in dieser Weise unruhig ist, sind auch unsere Gedanken unstet, und wir können keiner Situation im Leben gerecht werden, weder richtig wahr-nehmen noch klare Entscheidungen treffen. Oberflächliche Zustände bestimmen die sich ständig ändernde Richtung der Gedanken, da der Geist nicht stabil genug ist und die Kraft nicht hat, das Wesentliche zu ergründen oder bei dem zu bleiben, was jetzt in diesem Augenblick gerade wichtig ist.

Folgen wir jedoch der gesunden Unruhe des Geistes, spüren wir schon bald, daß er immer ruhiger wird, wenn wir ihn auf

Gott ausrichten und in dieser Ausrichtung vom mündlichen Gebet zum innerlichen Gebet fortschreiten und dann nur noch im Schweigen vor Gott verweilen. Unsere Innerlichkeit füllt sich mit tiefer Ruhe, die in Gott gründet. Unsere Wahrnehmung besteht jetzt darin, etwas vom Wahren, von Gott, aufzunehmen und es in unserem aktiven Leben heilbringend umzusetzen.

OHNE ANGST LEBEN

Aus der persönlichen Erfahrung und in der absoluten Gewißheit, jederzeit zu ihm, der immer bei uns ist, zurückzukehren und Kraft aus der schweigenden Ruhe in Gott zu schöpfen, wird sich unser Leben bis zu einem gewissen Grad schon in dieser Welt erfüllen. Selbst inmitten der Schattenhaftigkeit und aller unumgänglichen Auseinandersetzungen, trotz aller Unruhen und Krankheiten, ja, sogar im Angesicht des Todes, dürfen wir eine Verbindung und Verbundenheit zu Gott spüren, die uns alle Angst nimmt und uns Einblick gewährt in eine neue und ewige Glaubensdimension, aus der wir niemals mehr herausfallen.

GEFAHR ÜBERMÄSSIGER ARBEIT

Zu hoch gesteckte materielle Ziele, die nur durch ein übermäßiges, nahezu krankhaftes Engagement erreicht werden können, lassen die göttliche Dimension in uns verkümmern. Sie schaffen Unruhe, die selbst unseren innersten Kern noch bewegt und führen zu Abhängigkeiten, die schwer zu entflechten und zu lösen sind.

Zu einem von Gott gewollten, ausgewogenen und erfolgreichen Leben gehört es, daß wir Gottes Gnade und seinem Wirken in uns Raum geben. Die Zeit, die wir dafür investieren, steht in keinem Verhältnis zu dem, was der Herr uns durch sein liebendes Entgegenkommen schenken möchte. Mit dieser Gabe gelingt es uns nicht nur Berge zu versetzen, sondern auch den Himmel zu bestürmen.

Du fühlst dich grenzenlos einsam – von denen, die du liebst und die auch dich lieben, alleingelassen. Wie schlafend und in einer anderen Welt sind sie unfähig, dich und deine Not wahrzunehmen. Sie spüren deine seelischen Qualen nicht, die augenblicklich auf dir lasten. Durch das, was du durchmachen und tragen mußt, hast du dich ganz von selbst innerlich ein Stück weit von ihnen entfernt. Oder sie sich von dir?

Aus der Tiefe deiner Seele schreist du auf und bist wie gelähmt dem gegenüber, was auf dich zukommt. Angst und große Traurigkeit überfallen dich, deine Seele ist zu Tode betrübt. Und – immer stärker noch werdend – du fühlst dich grenzenlos einsam. In dieser Situation befand sich Jesus vor seiner Passion, die sich ihm bereits weit vorher offenbarte. Am Ölberg entfernte er sich von seinen Jüngern, kniete nieder und betete: „Vater, wenn du willst, nimm diesen Kelch von mir! Aber nicht mein, sondern dein Wille soll geschehen. Da erschien ihm ein Engel vom Himmel und gab ihm neue Kraft" (Lukas 22,42–43).

Niemand – absolut niemand –, wer es auch ist und wo immer er sich befindet, ist allein, wenn er gegen alle Angst im Gebet der Hingabe sich Gott überläßt. Das Hingabe-Gebet wird zum Ruhegebet, wenn der Betende sich selbst und damit alles Wollen, jegliche Vorstellung, alle Erwartungen, ja, selbst die eigenen Gedanken verläßt und sich vertrauensvoll dem Herrn überläßt. Die Augen der Seele sind auf das liebende Entgegenkommen des Schöpfers gerichtet, so daß die gesamte Haltung des Betenden zur Anbetung wird. Das liebende Entgegenkommen Gottes – in welcher Weise es auch immer geschieht –, nimmt alle Angst von uns und läßt uns niemals allein.

Denjenigen, deren Leben sinnentleert ist oder die Angst vor der Wirklichkeit haben sowie alle, die unter bedrückender Traurigkeit oder Depression leiden, wird ein sicheres Gefühl von Angenommensein geschenkt, wenn sie im Gebet eine der wesentlichsten Grunderfahrungen machen dürfen, letztlich in ihrer Not nicht alleingelassen zu sein. Jedem wird die Gewißheit vermittelt, daß der Herr um unsere Schwierigkeiten und Schmerzen weiß, stets gegenwärtig ist und uns liebend begleitet.

FESTEN BODEN GEWINNEN

Eine Welle kann sich bei starkem Wind nur zu der ihr höchstmöglichen Höhe erheben, wenn sie von der Tiefe des Ozeans getragen und unterstützt wird. Fehlt ihr jedoch diese Tiefe des Wassers, wird sie bereits bei einem leichten Wind umschlagen, sich verflüchtigen und ihre Identität als Welle verlieren.

Ohne festen Wurzelgrund hat nichts Bestand. Er ist auch die Voraussetzung dafür, damit Leben gelingt, sich erheben und uns zu ewig Göttlichem tragen kann. Dies ist letztlich die Sehnsucht eines jeden Menschen. Der alles tragende Grund, die unbewegte und gleichzeitig schöpferische Ruhe in Gott, ist zwar in allen Menschen grundgelegt, doch ist der Zugang vielen versperrt. Das im Wege Stehende muß beseitigt werden, so daß die Verbindung zum göttlichen Wurzelgrund wieder spürbar und zugänglich wird. Unverarbeitete Eindrücke müssen durch entsprechende Wege zur Befreiung ausgedrückt und tote Trümmer der Gefühle eliminiert werden, auf daß mehr und mehr der lebendige und feste Boden unseres Herzens wie ein Felsengrund zum tragfähigen Lebensfundament wird.

„Einen anderen Grund kann niemand legen als den, der gelegt ist: Jesus Christus" (1 Korinther 3,11). Obgleich wir das Fundament nicht sehen, sondern nur das, was es trägt, so ist und bleibt es doch eine notwendige Wirklichkeit. Selbst wenn wir Jesus Christus, den von Gott in unsere Seele gelegten Grund, ja, den Grund der gesamten Schöpfung, nicht durch die körperlichen Sinne wahrnehmen können, so gibt es doch im geistlichen Leben Wege – vornehmlich sind es das Gebet und der Empfang der Sakramente –, ihm näherzukommen. Wir spüren, wie unser Leben von ihm mitgetragen wird und uns durch die Gegenwart Jesu Christi nichts mehr zu Fall bringen kann.

Gott kann nicht geschaut oder gar verstandesmäßig erfaßt werden. So widersinnig es klingt, aber es entspricht der Wirklichkeit, die immer neu von Gottesfreunden bestätigt wird: Im Nichtsehen und Nichterkennen liegt die Möglichkeit, den zu sehen und zu erkennen, der all unser Sehen und Erkennen übersteigt.

Wir dürfen uns daher nicht Gott passend zurechtschneidern, um ihn zu einem idealen Partner oder bequemen Idol zu machen. Damit weichen wir der Realität Gottes aus: seiner absoluten Transzendenz und seiner gleichzeitig unmittelbaren liebenden Nähe durch seinen Geist, der in uns wohnt.

ANWESEND IM WESEN GOTTES

Manches Mißgeschick passiert uns, weil wir durch irgend jemanden oder irgend etwas so angetan sind, daß wir Wesentliches vergessen. Es sollte nicht vorkommen, daß wir von uns selbst abgezogen oder gar getrennt werden und dadurch unsere gesunde Mitte verlieren. Diese Mitte ist die Gegenwart Gottes in unserer Seele, aus der wir leben, immer neu Kraft schöpfen und gesegnete Intuitionen erhalten. Ist diese Quelle verschüttet oder überlagert, gerät alles in unserem Leben ins Stocken, und wir laufen Gefahr, durch falsche Entscheidungen oder Reaktionen dunkle Kräfte zu aktivieren, die uns ins Unglück führen.

Dieses Unglück könnte man mit einer Uhr vergleichen, die um Mitternacht stehengeblieben ist. Am Morgen benötigen wir dringend die richtige Zeit, um unseren Aufgaben und Verpflichtungen nachzukommen. Eine wesentliche Weisung fällt aus, und unser Lebensrhythmus gerät durcheinander. Fragen wir uns, ob wir es nicht selbst gewesen sind, die vergessen haben, die Uhr rechtzeitig aufzuziehen ...

„Laßt uns an dem unwandelbaren Bekenntnis der Hoffnung festhalten, denn er, der die Verheißung gegeben hat, ist treu" (Hebräer 10,23). Die Hoffnung gehört zur Mitte des christlichen Glaubens. Und dieser Glaube wiederum ist die „Substanz" der Hoffnung, ein Warten auf etwas Kommendes, das von einer geschenkten Gegenwart Jesu Christi her erfolgt. Die Hoffnung wird somit zur Person Christi, der allen Menschen die wahre Hoffnung gebracht hat.

Die Gestalt der christlichen Hoffnung ist somit Gott, der uns jetzt und bis zu unserer Vollendung liebt. In seiner mitleidenden Liebe liebt er einen jeden von uns, ganz gleich, ob wir nun beten, etwas tun oder gar lassen – vor allem aber, wenn wir leiden. Christus trägt die Gottferne und die Gottverlassenheit vieler Menschen mit und schenkt seine Gnade, damit wir die Distanz zu Gott überwinden. Am Anfang dieses Weges steht Maria, die Mutter des Herrn und die Mutter der Hoffnung. Sie hat mit ihrem Jawort nicht nur die Tür in unsere Welt geöffnet, sondern auch das Ziel unserer Hoffnung leibhaftig werden lassen. Bewähren auch wir uns in der christlichen Hoffnung und lassen sie für andere glaubwürdig werden (vgl. Papst Benedikt XVI., Spe Salvi).

WIE KANNST DU TROST SPENDEN?

DEN HIMMEL FÜR ANDERE ÖFFNEN

Unser Gebet erfüllt nicht nur die eigene Seele, sondern kann auch mithelfen, für andere den Himmel wieder zu öffnen, der für sie über eine lange Zeit vielleicht durch schwere Schicksalsschläge oder in Folge selbstverursachter Fehlentscheidungen verschlossen war. Fürbitten entströmen einem Herzen voller Nächstenliebe. Ganz von selbst nehmen wir alle, die wir liebhaben und die uns nahestehen, mit in das Gebet. Wir beten für die Anliegen derer, die uns beeindruckt haben und für die wir uns mitverantwortlich fühlen.

Um vornehmlich für andere Menschen Fürbitte einzulegen, bedarf es eines großen und mitfühlenden Herzens. Das eigene Ich und seine Bedürfnisse und Wünsche stehen nicht mehr im Mittelpunkt unseres Betens, sondern das Du des Nächsten und damit letztlich das Du Gottes. Die Kraft des fürbittenden Betens geht über in den Frieden für die ganze Welt.

Das alle und alles umfassende Gebet entspricht dem Heilswillen Gottes, der alle Menschen zur Erkenntnis der Wahrheit und zum Heil führen will. Jesus Christus läßt den Menschen den Heilswillen Gottes erfahren, stiftet Frieden, versöhnt die Menschen mit Gott und führt sie zu ihm. Als Gottessohn kann Christus Heil und Gnade vermitteln, und weil er gleichzeitig als Mensch zu den Menschen gehört, findet er in seiner unendlichen Menschenliebe Wege zu den Menschen, die bis in ihre tiefsten Verschattungen führen. An diesem Erlösungswerk Jesu Christi dürfen wir durch unser fürbittendes Beten teilnehmen.

TROST SPENDEN

Es gibt wohl keinen Menschen, der nicht irgendwann in seinem Leben des Trostes bedarf. Spätestens, wenn ihn seelisches Leid oder körperliche Schmerzen überfallen, sehnt er sich in besonderem Maße nach Zuwendung und guten Worten, die die Hoffnung auf bessere und heile Zeiten bei ihm bestärken. Es gibt mehr Trostbedürftige und Menschen, die in Trostlosigkeit leben, als du dir denken kannst. Stell dir vor, du befindest dich in einer Sackgasse, und Lebensangst macht sich breit. Niemand ist da, der dich versteht und dir die Hand reicht. Wärest du nicht unendlich dankbar für ein liebevolles Zeichen zur Umkehr und jede Weisung, die dich aus der dich umgebenden Dunkelheit führt?

Befindest du dich zur Zeit in einer ausgewogenen und glücklichen Lebensphase, solltest du Menschen aufsuchen, die in trostlosen Verhältnissen leben, um auf sensible Weise dein Glück mit ihnen zu teilen.

Gegen die Trostlosigkeit

Trost und Trostlosigkeit sind einander völlig entgegengesetzt. Somit sind auch Gefühle und Gedanken, die sich aus dem Trost entfalten, denen, die aus der Trostlosigkeit entstehen, entgegengesetzt. Trost spendet innere Ruhe und Frieden, Heiterkeit der Seele und des Herzens. Wir schauen dankbar auf zu Gott, den wir mehr und mehr zu lieben vermögen. Angst, Unsicherheit und Traurigkeit schwinden, und durch, mit und in Christus entfaltet sich unser Selbstbewußtsein auf natürliche und angemessene Weise. Bei allem bleiben wir jedoch bescheiden und eher zurückhaltend als aufdringlich.

Die Trostlosigkeit, in der sich viele Menschen befinden – selbst wenn sie es nicht wahrhaben wollen –, stiftet Verwirrung und verfinstert die Seele. Die Verbindung zu Gott, dem Quell, Sinn und Ziel allen Lebens, ist unterbrochen oder gestört, da nicht Gott die erste Stelle einnimmt, sondern eines seiner Geschöpfe, das wir an uns binden, das uns Sorge bereitet oder das wir ablehnen oder gar hassen. Bei vielen Menschen sind Äußerlichkeiten und materielle Dinge vorrangig. Die Seele fühlt sich getrennt von ihrem Schöpfer und leidet.

Deine und gleichzeitig die Aufgabe der Religion ist es, den Trostlosen zu begegnen, ihnen Anerkennung und Liebe zu schenken, die sie befreit von allem Leiden und aller Dunkelheit. Es gehört mit zu deinen Aufgaben, allen, die sich in Dunkelheit, im Schatten der Sünde und des Todes befinden, die Frohe Botschaft Jesu auf ihnen angemessene Weise zu verkünden. Dies geschieht vornehmlich nicht durch Worte, sondern durch dein gelebtes Leben und die entsprechenden Taten.

GUTES TUN

Ein Schuldbekenntnis beginnt mit den Worten: „Ich bekenne Gott, dem Allmächtigen, und allen Brüdern und Schwestern, daß ich Gutes unterlassen und Böses getan habe." Es kam jemand nach der heiligen Messe zu mir, in der dieses gebetet wurde, und regte sich darüber auf, daß er gezwungen worden sei, zu bekennen, daß er Böses getan habe, obwohl das – wie er meinte – bei ihm nicht der Fall war. Ich habe ihm seine Worte abgenommen und ihm empfohlen, das nächste Mal dieses Bekenntnis nicht mitzubeten, denn niemand solle zu etwas gezwungen werden, von dem er nicht überzeugt sei.

Die Worte dieses Bekenntnisses beinhalten jedoch weitaus mehr als einem beim oberflächlichen Beten aufgeht, denn wir sind nicht nur verantwortlich für das, was wir getan haben und tun, sondern auch für das, was wir nicht getan haben und nicht tun. Wie viel Gelegenheiten gehen ungenutzt vorüber, in denen wir etwas Gutes hätten sagen oder tun sollen? Dieses Unterlassen hat sicherlich bei vielen Menschen ein größeres Gewicht als das, was sie an Nicht-Gutem getan haben. Es ist ratsam, einmal darüber nachzudenken, wie viele Situationen vorübergehen, in denen wir gefragt sind, aber nicht antworten und passiv bleiben.

VOM EGO ZUM DU

Nach einer heiligen Messe – ich bleibe meist noch etwas länger in der Kirche – kam eine jüngere Frau zu mir und fragte, ob sie mir etwas auf ihrer Flöte vorspielen dürfe. In zarten und klaren Tönen erklang „Großer Gott wir loben dich" und die Melodie des Schlußchores aus der neunten Sinfonie von Beethoven. Wir kamen ins Gespräch, und ich erfuhr, daß sie unter Multipler Sklerose litt, einer entzündlichen Erkrankung des Zentralnervensystems. Mit der Organistin schloß sie Freundschaft, und beide musizierten häufig zusammen. Monate später traf ich sie wieder und erschrak über ihr Aussehen und über ihre skandierende Sprache. Ich lud die Organistin und sie zum Essen ein und erfuhr, daß sie starke Medikamente zur Verkürzung der Schubdauer nehmen mußte. Leise und unter vier Augen erzählte sie mir später, daß bei ihr die bösartige Form der „MS" mit tödlichem Verlauf festgestellt wurde.

Ich besuche sie nun öfter in einem Heim, in der nur Multiple-Sklerose-Kranke sind – vornehmlich Frauen. Der Verfall ist unaufhaltbar. Sie hat eine Querschnittslähmung und sitzt im Rollstuhl; Euphorie und Depression wechseln einander ab. Beatmungsgeräte stehen in ihrem Zimmer. Trotz allem ist ihre Freundlichkeit und Freude zu Herzen gehend. Sie sagte mir, daß ihre Familie sich schon lange von ihr getrennt habe und sie ganz allein sei. Tief erschüttert verlasse ich jedes Mal das Heim: geöffnete Zimmertüren, Kranke in ihren Betten oder im Rollstuhl auf den Fluren. Alle umgibt ein großes Schweigen, denn es wird kaum geredet. Große, weit geöffnete Augen möchten alles mitbekommen, was im Haus geschieht, erwartungsvolle Augen überall, aber niemand sagt etwas, und fast keine Bewegung findet statt. Ich atme das mit unsagbarem Leid gefüllte Schweigen ein. Dann sitze ich wieder in meinem Auto, und Tränen lösen sich.

Während eines langen geistlichen Gespräches nach einem meiner Besuche in diesem Heim sprach ein junger Mann endlos von sich selbst und seiner Umgebung, die ihm nicht gerecht werde. Dabei kreiste er nur um sich selbst und kritisierte andere. Ich mußte mich stark konzentrieren, um nicht innerlich auszusteigen. Ein Hinweis meines längst verstorbenen Lehrers Heinrich Spaemann kam mir in den Sinn. „Man sollte manchen Menschen einen Bildband von Hiroshima und Nagasaki mit den Atomwaffenopfern zeigen, wenn sie, wie manche Politiker heute, unvertretbare Wege gehen."

Ja, ich weiß, wie es weitergehen kann. Ich bitte den jungen Mann, mit mir einen Besuch zu machen. Er willigt ein. Wir gehen schweigend über die Flure mit den geöffneten Zimmertüren im Heim für MS-Kranke; wir besuchen „meine Patientin", die sich mittlerweile in einem noch schlechteren Zustand befindet. Ganz langsam gehe ich auf dem Rückweg an den Zimmern vorbei und lese die Namen der Patienten auf den Türschildern – so, als ob ich jemanden suchen würde. Mein Begleiter folgt mir schweigend; auch im Auto sprechen wir nicht. Später erhalte ich einen Brief von ihm, in dem er seine Betroffenheit zum Ausdruck bringt und wie der „Besuch" ihn verwandelt habe.

TROST – EINE HERAUSFORDERUNG

Unter „Trost" ist kein Trostpflaster zu verstehen. Auch Trostworte wie „Es wird schon wieder" oder „Morgen sieht alles anders aus" vermögen letztlich nichts und verletzen nur. Wahrhaft Trost spenden fordert heraus und läßt uns oft ganz und gar verstummen vor der äußeren und inneren Not eines Menschen.

Das Wort „Trost" geht auf das gotische Wort „trausti" zurück, was „Bündnis" oder „Vertrag" bedeutet. Es ist verwandt mit dem mittelhochdeutschen „triuwe" (treu). Wirklicher Trost verlangt Verläßlichkeit und gleichzeitig Nähe. Voraussetzung, um zu trösten, ist das Verständnis für die Situation des Menschen, der des Trostes bedarf. Zu diesem Verständnis jedoch muß noch eine weitere wesentliche Qualität hinzukommen: das Mitgefühl und die Anteilnahme.

Trost kann sich auf verschiedene Weise ausdrücken: in Worten, aber mehr noch im Zuhören, durch Gesten und Berührungen und vor allem im einfach Da-Sein für den anderen. Wichtig ist, daß wir zu der Situation, in der sich jemand befindet, Ja sagen und sie zusammen mit ihm durchstehen. Trost darf unter keinen Umständen vertrösten, das heißt, daß wir uns wieder zurückziehen und den Trostsuchenden allein lassen. Unsere Aufgabe ist es, ihm Halt zu geben, ihn mitfühlende Nähe erfahren zu lassen, ihm Zuversicht und verläßliche Hoffnung zu schenken – vor allem aber, ihn nicht allein zu lassen.

ENGEL BEGLEITEN DICH

ENGEL – MITTLER ZWISCHEN HIMMEL UND ERDE

Selbst wenn wir die Engel oder gar unseren Schutzengel nicht bewußt wahrnehmen, so sind sie es doch, die Wegweiser in unserem Leben aufstellen, durch unsere Intuition und unsere Träume sprechen, Gefahren andeuten und davor bewahren, Warnungen geben, wenn der Weg zu abschüssig ist, von Gott Inspiriertes verkünden und zur Wahrheit zurückführen, unseren Gebetsweg begleiten und die Suchenden auf das göttliche Licht ausrichten. Wenn wir den Engeln Raum und Entfaltungsmöglichkeiten geben, sind sie heilender und wirkmächtiger als alle irdischen Kräfte zusammen. Sie schenken uns die Gewißheit von der immer und überall seienden liebenden Existenz Gottes und verstärken, mehren und offenbaren gleichzeitig die Geheimnisse des Glaubens.

Den Engeln kommt als Boten Gottes die Aufgabe zu, die ruhevolle Wachheit des schöpferischen Urgrundes, der Liebe ist, und gleichzeitig die aus Gott strömende dynamische Bewegung durch alle Himmel bis in die Herzen der Menschen weiterzuvermitteln.

ENGEL DER LIEBE GOTTES

Wartet nicht jeder Mensch darauf, angesprochen und berührt zu werden von Zeichen der Liebe, Zeichen der Liebe Gottes? Hinter jedem von uns steht ein verborgener Engel, das reine Bild unseres Wesens, Wegführer in dieser Welt und Wegbegleiter zum Himmel. Er möchte uns lehren, Gefühle auszudrücken, rechte Entscheidungen zu treffen und die irdische Welt als Brücke zur Ewigkeit zu sehen.

Gelingt es uns, zusammen mit unserem Engel aus der Nacht den Tag werden zu lassen, den Weg hinüber zu gehen von der Schau des Herzens zum Sehen der Fakten mit irdischen

Augen, werden wir die oft rauhe Wirklichkeit zum Besseren hin wandeln. Unser Engel ist ein Bote, der als erster das Licht empfängt, das erleuchtet, um es dann durch sich hindurch, auf uns ausstrahlen zu lassen. Wir haben nichts anderes mitzubringen als Vertrauen in die Güte und Barmherzigkeit Gottes, um den uns zugesellten Engel in seiner Strahlkraft wahrzunehmen und seine himmlische Musik in unserem Herzen zu hören.

Wenn wir anderen Menschen auf ihrem oft schweren Lebensweg Hilfe gewähren, dann dürfen auch wir der hilfreichen Unterstützung durch Engel gewiß sein. Ihre Aufgabe besteht darin, Wesensverschiedenes durch Vermittlung miteinander in Verbindung zu bringen und somit alles Geschaffene zum Schöpfer zurückzuführen. Durch das vermittelnde Wesen der Engel – wenn wir sie annehmen – werden uns Umwege erspart und Wege offenbar, die über die diesseitige Welt hinausführen.

Aufgabe der Engel

Jedem Menschen, unabhängig von seiner Lebensgeschichte oder seiner inneren Einstellung, ist eine wirkmächtige göttliche Kraft zur Seite gestellt – Engel genannt. Durch tiefe Erkenntnis und Einsicht, die vornehmlich das Gebet vermittelt, aber auch durch Reifung, harte Schicksalsschläge wie auch durch Freude wird die Existenz der Engel als hilfreiche Boten Gottes bewußt. Die Engel stehen am Übergang von der verborgenen göttlichen Welt zu der uns sichtbaren Welt. Ihre Aufgabe ist es, diese Grenze für das von Gott ausgehende Heil und seine Botschaft in die irdische Welt hinein durchlässig werden zu lassen. Die Engel sind als erste berufen, von der göttlichen Liebe und vom göttlichen Schweigen Kunde zu geben und das von Gott empfangene geistige Licht weiterzureichen.

Unserem Fassungsvermögen und unserer Gangart angemessen führen sie diese Aufgabe aus. Daher erscheinen uns die Engel oft noch unklar oder unwirklich, wenn sie sich in Ahnungen, Träumen, Symbolen und Bildern ausdrücken.

ENGEL – SCHLÜSSEL ZUM HEIL

Von den höchsten Seinsformen über dem Himmel bis zu den letzten Seinsformen auf der Erde strömt Gottes liebende Fürsorge. Sie berührt alles, was ist, und möchte alles und jeden jetzt und immer mit seiner himmlischen Herrlichkeit erfüllen. Dazu hat Gott die Engel geschaffen, die als Mittler das Liebeswerben Gottes und damit Verwandlungskraft bis in das noch verschattete Seelendunkel der Menschen tragen. Engel sind geistige Entfaltung Gottes, die uns die alles menschliche Erkennen überragende göttliche Weisheit vermitteln.

Fragt man sich, wie viele Engel es geben mag, so antwortet die Heilige Schrift, daß die seligen Heerscharen jenseits unserer Welt unzählbar sind. Ein erstrebenswertes Ziel von uns sollte es sein, zu noch größeren Freunden der Engel zu werden, damit sie uns eine klare Sicht eröffnen und uns Einsicht in Gottes Heilsplan und die Schöpfungszusammenhänge gewähren. Engel können einerseits Schlüssel für uns sein, um Vergangenes, das uns unverständlich war, zu verstehen; andererseits helfen sie uns, gegenwärtige Ereignisse geistig zu durchdringen und zu klären. Sie können uns jedoch auch auf Zukünftiges vorbereiten.

ENGEL IN MENSCHENGESTALT

Durch die allumfassende liebende Fürsorge Gottes ist allen Menschen ein individuell für sie bestimmter Engel zugewiesen, der die Aufgabe hat, den ihm anvertrauten Menschen mit hilfreicher Hand auf den richtigen Weg zu führen. Engel sind helfende und dienende Kräfte zum Heil der Menschen. Sie stehen uns bei, vermitteln uns gute, kreative Gedanken und sprechen während des Schlafes zur Seele. Im Auftrag Gottes führen die Engel sein Heilshandeln aus.

Damit uns diese himmlischen Kräfte bewußt werden, wir sie bejahen und annehmen können, begegnen uns, wie die Engel aus jener Welt, in dieser Welt Menschen, die uns uneigennützig die Hand reichen und uns liebevoll und behutsam zur Erkenntnis unseres eigenen Lebens führen und darüber hinaus uns die Existenz der göttlichen Welt erkennen lassen. So können auch Menschen zum unmittelbaren Werkzeug Gottes werden. Warum sollten diese nicht auch „Engel" genannt werden?

ISOLATION IST NICHT „GOTTGEGEBEN"

Der amerikanische Filmschauspieler, Regisseur und Autor Orson Welles (1915–1985), dessen Film „Citizen Kane" filmhistorische Bedeutung gewann, lebte in einer streng katholischen Familie. Als er sechs Jahre alt war, trennten sich jedoch seine Eltern. Beide starben früh – Orson war noch keine 15 Jahre alt. Trotz großer künstlerischer Begabung war er sein Leben lang vom Pech verfolgt. Er hatte keine Freunde und litt am Ende seines Lebens unter übermäßiger Fettleibigkeit. Die folgenden Worte stammen von ihm: „Wir kommen allein auf die Welt, wir leben allein, wir sterben allein. Nur Liebe und Freundschaft können uns für einen Augenblick die Illusion verschaffen, nicht allein zu sein."

Wenn wir auf die Welt kommen, werden die meisten von uns liebend erwartet. Helfer stehen unserer Mutter und uns zur Seite, damit bei diesem so wesentlichen Schritt niemand Schaden nimmt. Und unser Leben ist nicht dazu gedacht, daß wir es allein verbringen. Am Beginn der Schöpfungsgeschichte sagt Gott, der Herr: „Es ist nicht gut, daß der Mensch allein bleibt" (Genesis 2,18). Das „nicht gut" ist also das Gegenteil von dem, was Gott möchte, und beinhaltet somit eine widergöttliche Kraft. Isolation tötet.

Wenn auch viele Menschen allein sterben müssen, so sind wir doch vom Herzen her aufgefordert und darum bemüht, allen Sterbenden auch noch weit über ihren Tod hinaus beizustehen. Gott, der liebende Vater, wird seine Kinder niemals allein lassen. Er schickt seine Engel der aus dieser Welt scheidenden Seele entgegen, um sie sicher zu führen und zu geleiten. Und, wenn der Morgen dämmert, steht Jesus am Ufer und wartet auf uns (vgl. Johannes 21,4). Ebenso werden uns die Seelen liebend empfangen, die wir in dieser Welt als Menschen geliebt haben und die uns nahestehen.

Wenn unsere Liebe zu den Menschen und unsere Freundschaft zu ihnen, den Tieren und der gesamten Schöpfung in Gott, dem ewig Liebenden, gründet, werden sie keine augenblickliche Illusion sein. Unsere wahre Liebe und Freundschaft sind Bestandteil der ewigen Herrlichkeit Gottes.

Angst schwindet ...

Du bist fassungslos und voller Angst. Es ist etwas geschehen, das du nicht erwartet hast. Unglaubliches ist eingetreten. Du bist sprachlos und wartest auf ein Wort, vielleicht auf ein Wort eines Engels, dem Mittler zwischen der unsichtbaren und der sichtbaren Welt. Aber Engel, das solltest du wissen, machen keine Worte. Ihre Antwort liegt nur im Schauen. Sie schauen das Leben und alles, was zum ewigen Leben führt, und nicht den Tod. Wenn dich der Engel anschaut, geht wie ein weit gespannter Bogen der für dich bestimmte himmlische Gedanke, die Kraft der wahren Erkenntnis, auf dich über.

In diesem Augenblick der Offenbarung solltest du still und staunend innehalten. Es geschieht Großes mit dir, und im Wahrnehmen der eigentlichen Wahrheit des Glaubens schwindet all deine Angst. Und gleichzeitig geschieht etwas äußerst Wichtiges, auf das du während dieser Freude auch schauen solltest: Die dunklen Gegenkräfte, die dich in ihrem Bann hielten, fallen machtlos und ohnmächtig von dir ab. Das eben noch Angstmachende und dir unbesiegbar Erscheinende schrumpft in sich nichtig-nutzlos zusammen.

Du hast eine tiefe Glaubensbotschaft erfahren und stehst aufrecht zwischen Erde und Himmel. Und auf einmal erkennst du, wie machtlos, dumm, lächerlich und ziellos die dunklen Machenschaften dir zu Füßen liegen. Dir wurde ein tiefer Einblick in das göttliche Geheimnis gewährt: die Überwindung todbringender Kräfte durch die Auferstehung und das Leben.

Obwohl wir in Gott unseren Anfang genommen haben und sein Bild in uns tragen, ist immer wieder ein Aufbrechen notwendig, um eine innere Unruhe zur Ruhe kommen zu lassen und die rechte Mitte zu finden. Viele unserer Entscheidungen und Handlungen haben das Wesentliche in uns verschüttet, verkrustet oder verhärtet und somit unzugänglich gemacht. Ein solcher Leben spendender Aufbruch kann allerdings nur bedingt durch Denken, Wollen oder Psychoanalyse erfolgen. Er sollte durch und in unserem Glauben an die Wahrheit der Lehre Jesu Christi und seiner Auferstehung vollzogen werden.

Für einen so wesentlichen und fundamentalen Schritt in unserem Leben benötigen wir Hilfe durch einen geistlichen Begleiter. Er wird uns sicher durch unwegsame Lebensabschnitte führen, für uns beten und Sorge tragen, wenn wir vor einem neuen Aufbruch in unserem Glauben stehen. Sich dann gehalten und liebevoll begleitet zu wissen, ist eine wunderbare Gabe Gottes, die er seinen Engeln aufgetragen hat.

UNENDLICHE FREUDE

GÖTTLICHE UND MENSCHLICHE LIEBE

Tief empfundene Freude kann sich im Miteinander und Zueinander zweier Menschen auch körperlich ausdrücken, zum Beispiel, daß man sich umarmt. Gemeinsam erlebte Freude möchte sich verschenken, sie strahlt aus wie das Licht, das nicht im Verborgenen bleiben darf. Daher öffnet sich im Zueinander das Herz, das das aufbrechende Geheimnis der Freude bislang verborgen hielt. Unbeschreibbares kann in einer solchen Freude nur geahnt werden – ohne jedes Wort. Aus dem Sehnen zweier Menschen, der Ferne, ist Nähe geworden, spürbar im Einssein der Freude.

Diese Freude ist von einer so zarten Intimität, von einer so reinen Zärtlichkeit begleitet, daß man keine Worte findet, sie zu beschreiben. Man kann sie nur mit dem Herzen „begreifen". Die Arme der sich Umarmenden zeigen die Gebärde des Bergens. Drückt nicht das, was hier in der freudigen Begegnung zweier Menschen geschieht, die Sehnsucht eines jeden Menschen aus? Der Urgrund der Schöpfung, das geheimnisvolle Kraftfeld wird lebendig. Die göttliche Liebe und die menschenfreundliche Liebe – beide gehören zusammen, beide möchten sich verschenken und überströmen in unendlicher Freude.

FREUDE UNTERSTÜTZT DAS LEBEN

Fröhlichkeit und Heiterkeit der Seele heißt in der Schrift „Raum schaffen". Diese lichte und befreiende Lebensqualität schenkt uns Gott auch in Zeiten der Bedrängnis, indem er uns durch die helfende Gegenwart seines Mensch gewordenen Wortes ermutigt und rettet. Für den Menschen ist die Freude notwendig und Leben unterstützend.

Freude ist höheren Ursprungs – eine wunderbare Ruhe und eine lebendige gute Unruhe zugleich. Sie möchte begeistern, sich mitteilen und sich verschenken. Freude ist schließlich der Himmel und das Paradies und die erspürte Gegenwart Gottes. Daher ist es lebenswichtig, die Quellen der vielleicht verlorenen Freude wiederzufinden. „Herzensfreude ist Leben für den Menschen" (Jesus Sirach 30,22).

Der Gang Jesu über das Wasser;
Kupferstich von Matthäus Merian d. Ä., 1630

DER GANG JESU ÜBER DAS WASSER

„Gleich darauf (nach der Speisung der Fünftausend) forderte er die Jünger auf, ins Boot zu steigen und an das andere Ufer vorauszufahren. Inzwischen wollte er die Leute nach Hause schicken. Nachdem er sie weggeschickt hatte, stieg er auf einen Berg, um in der Einsamkeit zu beten. Spät am Abend war er immer noch allein auf dem Berg. Das Boot aber war schon viele Stadien vom Land entfernt und wurde von den Wellen hin und her geworfen; denn sie hatten Gegenwind. In der vierten Nachtwache kam Jesus zu ihnen; er ging auf dem See.

Als ihn die Jünger über den See kommen sahen, erschraken sie, weil sie meinten, es sei ein Gespenst, und sie schrien vor Angst. Doch Jesus begann mit ihnen zu reden und sagte: Habt Vertrauen, ich bin es; fürchtet euch nicht! Darauf erwiderte ihm Petrus: Herr, wenn du es bist, so befiehl, daß ich auf dem Wasser zu dir komme. Jesus sagte: Komm! Da stieg Petrus aus dem Boot und ging über das Wasser auf Jesus zu. Als er aber sah, wie heftig der Wind war, bekam er Angst und begann unterzugehen. Er schrie: Herr, rette mich! Jesus streckte sofort die Hand aus, ergriff ihn und sagte zu ihm: Du Kleingläubiger, warum hast du gezweifelt? Und als sie ins Boot gestiegen waren, legte sich der Wind. Die Jünger im Boot aber fielen vor Jesus nieder und sagten: Wahrhaftig, du bist Gottes Sohn" (Matthäus 14,22–33).

Auf das Wort Jesu „Habt Vertrauen, ich bin es; fürchtet euch nicht!" steigt Petrus als einziger von den Jüngern aus dem Boot und geht über die widrigen Wogen Jesus entgegen. Dieses Wort Jesu ist tief in seine Herzensmitte gedrungen und gibt ihm Kraft zur Entgrenzung, indem er seinen Fuß über das Boot setzt. Für einige Sekunden oder gar Minuten vermag auch er über das Wasser zu gehen, denn er schaut auf Jesus und hat ihn im Auge und in seinem Herzen. Doch dann schaut Petrus auf die vom Wind aufgepeitschten Wellen um sich herum und läßt dabei Jesus aus dem Auge; er läßt Jesu Wort „Komm!" aus dem Ohr und sinkt im gleichen Augenblick in die Tiefe. Entsetzliche Todesangst überfällt ihn, und er spürt, wie er zugrunde geht. „Herr, rette mich!" schreit er im Untergehen. Jesus ergreift seine Hand und nimmt ihn mit sich ins Boot.

Petrus vermochte es, über die wilden Wogen hinwegzugehen, solange er Jesus im Auge hatte. Ich möchte dieses Symbol übertragen: Das Meer und die Tiefe sind Bilder für die Boden- und Haltlosigkeit eines Lebens ohne Gott, ein Leben, das auf die Dauer Angst macht. Da wagt es ein Mensch (Jesus) über diese Welt zu gehen wie einer, der nicht von dieser Welt ist. Er trägt ein Gesetz in sich, das stärker ist als das der Schwerkraft, ein Gesetz, in dem die Liebe wohnt. Und wer dieses Gesetz in sich trägt, geht durch diese Welt als einer, den die Welt nicht in ihren Untergang, den Tod, hineinreißt. Er wird zu einem Todüberlegenen. Wir dagegen erfahren das Gravitationsgesetz noch als eine uns besetzende fernwirkende Kraft, deren Wirkungen sich unendlich schnell ausbreiten und denen wir unterliegen. Noch ist für die meisten von uns die Zeit nicht gekommen, in der wir wie Petrus unser Lebensboot verlassen können, ohne unterzugehen.

Jesus jedoch ist durch das tiefe Gebet zum Vater, dem er immer wieder den Vorrang vor allem gibt, entlastet und von allem nach unten Ziehenden entschwert. Die Liebe, die sich im Gebet entfaltet, die göttliche Liebe, überwindet die Schwerkraft und durchströmt alles mit dem österlichen Licht der Auferstehung. Diese österliche Dimension Christi dürfen seine Jünger auch auf dem Berg Tabor schauen. Das Gesetz der Liebe und des Lichtes, das stärker ist als das Gesetz der Materie, machen den Herrn schwerelos. Diese Schwerelosigkeit Jesu ist eine Vorwegnahme und Vorverkündigung seiner Auferstehungsexistenz. Er möchte uns damit sagen, daß wir, wenn wir in seiner Nachfolge stehen und ihn im Blick und in unserem Herzen haben, alle Lebens- und Todesangst überwinden.

Den Jüngern, die sich bei heftigem Sturm im Boot befinden und von entsetzlicher Angst ergriffen sind, ist dieses

Gesetz der Schwerelosigkeit, die österliche Dimension, noch nicht vertraut. Doch wie dem Petrus, der aufmerkt und auf den Herrn schaut, ergeht auch an jeden von uns der Ruf Jesu: „Komm!", das heißt: Steig aus deinem Boot, verlasse dein Denken und Tun, deine Grenzen und deine eigenen Lebensentwürfe und ver-lasse dich ganz auf mich. Wie Petrus es erfahren hat, so ist auch für uns Jesus Christus der feste Ankerpunkt inmitten der Chaosmächte, die verschlingen und zunichte machen wollen. Durch die lebendige Gegenwart Jesu ist Petrus in seiner Herzmitte berührt und in der Ausrichtung auf Jesus getragen. Im Hin-Blick auf Jesus hat ein anderes Gesetz in ihm Gestalt angenommen, das Gesetz der Liebe, das alle anderen Gesetze aufhebt. Getragen vom Gesetz der Liebe wagt Petrus es, über diese uns noch begrenzende Welt hinauszugehen.

Wenn uns Angst überfällt – oder gerade dann –, dürfen wir mit dem liebenden Entgegenkommen Gottes rechnen. Jesus streckt seine rettende Hand aus und führt Petrus sicher zurück ins Boot. Richten wir uns auf das Du unseres Nächsten und damit auf das Du Gottes aus, erfahren wir von Grund auf ein Getragensein und ein grenzenloses Vertrauen, das alle Angst nimmt. Bestimmen uns jedoch nur weltliche und damit sich ständig verändernde Gesichtspunkte, so ziehen sie uns auf die Dauer nach unten und machen angst. Es gibt heute wenig Menschen, die nicht irgendwann von dieser Angst berührt werden. Eine Entscheidung für Christus dagegen – er ist mit uns im gleichen Boot – und die Ausrichtung im Gebet auf ihn ent-schwert uns von schwer zu tragender Last und nimmt uns alle Angst. Die entscheidende Gnade unseres Lebens besteht darin, daß wir uns im gelebten Glauben an Jesus Christus von einer neuen Wirklichkeit durchdringen lassen dürfen. Diese Wirklichkeit hat Christus begründet in seinem eigenen Tod und in seiner Auferstehung. Und diese Wirklichkeit heißt: Gott ist die Liebe, und Gott ist das Leben.

Wir alle sind bereits durch Jesus Christus gerettet, denn er hat uns sein Leben, das Leben des Auferstandenen, tief in unsere Seele eingesenkt. Somit ist in uns allen ein zeitüberlegenes und zeitüberdauerndes Leben, das allerdings immer wieder durch uns im Glauben erneuert werden muß. Nur in der Verbundenheit mit Jesus Christus überwinden wir die Angst. Du brauchst keine Angst zu haben. Und wenn sie da ist, so wisse, daß noch etwas Tieferes in dir ist, tiefer als alle Angst: die Gegenwart Jesu Christi in deiner Seele. Die Angst kann bei uns allen immer wieder hochkommen, doch wenn der Glaube lebendig und tief genug ist, wird sie niemals etwas Übermächtiges bekommen. Christus ist auch für uns da, wie er für seine Jünger da war. Und so dürfen wir wie Petrus schreien: „Herr, rette mich!", wenn wir uns in einer scheinbar ausweglosen Notsituation befinden. Wir dürfen sicher sein, daß er uns alle Angst nimmt. Wenn alle beklemmende Last von uns abfällt, liegt darin nicht nur Vergebung, sondern wir erhalten auch die Chance eines Neuanfangs, der unserer tiefsten Sehnsucht entgegenkommt.

LITERATUR

Die Apostolischen Väter. Eingeleitet, herausgegeben, übertragen und erläutert von Josef A. Fischer. Ignatius an die Epheser. Darmstadt 1976, 145

Papst Benedikt XVI.: Auf Hoffnung hin sind wir gerettet. Enzyklika Spe Salvi. Augsburg 2008

Die Bibel. Altes und Neues Testament. Einheitsübersetzung. Stuttgart 1980. Lizenzausgabe Freiburg 2001

Richard Dehmel: Lebensblätter. Gedichte und anderes. Berlin 1895

Peter Dyckhoff: Geistlich leben im Sinne alter Klosterregeln. München 2005

Peter Dyckhoff: Aus der Quelle schöpfen. Das innerliche Gebet nach Teresa von Avila. München, 2. Auflage 2002

Meister Eckhart: Das Buch der göttlichen Tröstung. Ins Neuhochdeutsche übertragen von Josef Quint. Frankfurt 1987

Hieronymus: Brief an Furia. In: Texte der Kirchenväter. 1. Band. München 1963, 522–523

Papst Johannes XXIII.: Brevier des Herzens. Geistliche Wegleitung durch das Jahr. Herausgegeben von Heinrich Bacht SJ. Frankfurt 1967. Mit einem Geleitwort von Julius Kardinal Döpfner

Marie Luise Kaschnitz. In: Klemens Jockwig: Trost des Alltags. Ulm, 2. Auflage 1978, 19

Meterikon. Die Weisheit der Wüstenmütter. Herausgegeben und übersetzt von Martirij Bagin und Andreas-Abraham Thiermeyer. Augsburg 2004

Origenes: Acht Bücher gegen Celsus. Aus dem Griechischen übersetzt von Dr. Paul Koetschau. Bibliothek der Kirchenväter. II. Teil: Buch VIII, 30. München 1927

Weisung der Väter. Apophthegmata Patrum. Eingeleitet und übersetzt von Bonifaz Miller. Sophia. Quellen östlicher Theologie. Band 6. Freiburg 1965

Orson Welles. In: Liebevolle Trostpflaster. Heilsame Worte für Herz und Seele. Herausgegeben von Birgit Adam. Bindlach 2006, 90

Peter K. Köhler

Heilgebete
für viele Krankheitsbilder und gegen des Streß des Alltags

Krankheiten haben oft auch seelische Gründe. Hektik und Streß im Alltag, Sorgen und Probleme verursachen körperliche Beschwerden. Sich damit an Gott zu wenden, schafft eine Atmosphäre der Hoffnung und des Vertrauens. Heilgebete sind keine Zauberformeln. Aber durch die gewonnene Entspannung und Harmonie von Körper und Seele werden Selbstheilungskräfte mobilisiert und der Heilungsprozeß beschleunigt. Peter K. Köhler hat die Gebete aus seiner eigenen Lebens- und Krankheitserfahrung formuliert und mit profunder psychologisch-medizinischer Sachkenntnis eingeleitet.

SANKT ULRICH VERLAG

ISBN 978-3-929246-39-1
Geb., 272 Seiten